Paula Almqvist

Neue Mitteilungen aus meinem Garten

Schöffling & Co.

Erste Auflage 2019

Einbandfoto: Thalictrum rochebruneanum
Foto: Marion Nickig
Satz: Fotosatz Amann, Memmingen
Druck & Bindung: CPI Moravia Books
ISBN 978-3-89561-658-7

www.schoeffling.de

Neue Mitteilungen aus meinem Garten

Inhalt

1. Mit Unkraut Eindruck schinden

Manchmal genügt ein einziges Erlebnis, um unsere lang gehegte Sicht auf die Dinge zu verändern. Seit Jahren müssen treue Leserinnen mein periodisch wiederkehrendes Gejammer über die kolossale Artenvielfalt von Widersachern in meinem Garten erdulden. Heute dürfen sie auf eine Überraschung gefasst sein: Ich werde hier das Hohelied von Pflanzen singen, vor denen man mich immer gewarnt hatte. Ich hätte nie gedacht, dass man sich Unkraut richtig schöngucken kann.

Mein Aha-Erlebnis ging so: Felicia hatte ihren Mann fürs Leben gefunden; die Mutter plante eine ländliche Hochzeit mit 90 Gästen. Da die Mutter eine meiner engsten Freundinnen ist, sagte ich sofort zu, als sie mich bat, für den Blumenschmuck im weißen Festzelt zu sorgen. Es war Frühsommer, mein Garten stand in voller Blüte und ich war bereit, ihn kahl zu rasieren: Die Rosen, Päonien und Schwertlilien gaben ihr Bestes, die ersten Nelken prangten. Ich beschaffte zehn Ziegel Steckschaum und begann damit zu experimentieren: Wie lange hält Akelei im Floristenschaum? Öffnen sich die Rosenknospen? Bleiben die tintenblauen Iris frisch?

Zwei Tage vor der Hochzeit präsentierte ich meiner Freundin lobheischend meinen Prototyp aus dem Versuchslabor im Gartenschuppen. Sie druckste ein bisschen herum. Sie hätte gern nur Weiß mit Grün und »am liebsten so Wiesenblumen und Gräser«. Sie deutete auf eine Blattrosette, die sich neben dem Schuppen eingenistet hatte – es war der Aronstab, eine der Paria-Pflanzen, die sich in meinem Garten ausbreiten, kaum dass ich den Rücken drehe. Arum italicum ist so giftig, dass er schon verfressene Pferde und Kühe auf der Weide getötet haben soll. Andererseits: Mit Floristen-Augen betrachtet, gibt es kaum ein dekorativeres Laub als die gewellten Blatt-Pfeile vom italienischen Aronstab mit ihrer grün-weißen Marmorierung. Warum war mir das noch nie aufgefallen? Zu den Aronstab-Blättern gesellte ich Wiesenmargeriten und weiße Blütenwolken von Anthriscus sylvestris und Aeropodium podagraria. Hinter den klingenden Namen und zarten Blumen verbergen sich die Wildkräuter Wiesenkerbel und der gern verfluchte Giersch. Und zum ersten Mal hatte ich Freude an der Pflanze, die ich meinen Sargnagel nenne, weil ihre Rhizome unerreichbare zwei Meter tief in der Erde wuchern: In einem Bukett sehen die tannengrünen Wedel des Ackerschachtelhalms (Equisetum arvense) verblüffend elegant aus.

In fast allen größeren Gärten gibt es ein paar ungekämmte Ecken, die der überforderte Gärtner dem Wildwuchs überlassen hat: Rund um den Kompost und in der Obstbaumwiese, hinterm Schuppen oder auf den Böschungen zum Nachbargrundstück. Dort sammelte ich jetzt Gräser mit prallen Grannen, deren Namen ich nicht einmal kenne. Und weitere weiße Werktagsblumen, die sonst nie einen Ehrenplatz in der Vase kriegen: Das Mutterkraut (Chrysanthemum parthenium), allerliebst mit seinem frischgrünen Laub und den Blüten, die oft mit der Kamille verwechselt werden. Die silbergrauen Ranken des reichblühenden Cerastium tomentosum eigneten sich hervorragend, um aus den Vasen graziös nach unten zu schlängeln. Cerastium hat auf deutsch den verächtlichen Namen Filziges Hornkraut, während es die Engländer bewundernd »Sommerschnee« nennen. Neben dem Kompost entdeckte ich einen Glücksfall: Dort wuchs im Schatten eine Kolonie von duftenden Nachtviolen (Hesperis matronalis) und Judassilberlingen (Lunaria) in bräutlichem Weiß. All diese Schönheiten hatte ich nie gesät und bislang viel zu wenig beachtet. Sie waren mir zugeflogen. Sie gehören zu der interessanten Spezies »Gartenflüchter«: Blumen, die einst liebevoll in Biedermeier- oder Klostergärten kultiviert wurden und sich dann auf Flugreisen in die große weite Welt der Brachen, Waldlichtungen und Ackerränder begeben haben.

Leider neigen auch Gärtner wie viele andere Leute dazu, Gratis-Geschenken keinen Wert beizumessen oder ihnen sogar zu misstrauen. Umgekehrt genießen seltene oder berühmt zickige Pflanzen wie der Blaue Tibetmohn ehrfürchtige Anerkennung. Im Kopf des Gartlers keimt so manche überalterte Gedanken-Saat: »Nur wer sich rar macht, ist begehrt« und »Was nix kostet, ist nix wert« und »Ohne Fleiß kein Preis«.

Im Garten eben manchmal doch. Die Hochzeitsgäste waren jedenfalls begeistert von all den unbekannten Blüten und Blättern, die sie noch nie bei »Blume 2000« gesehen hatten.

2. Kinder-Garten

Das Kind von heute wird gefördert bis zur Erschöpfung – auch der der Eltern. Pampersgymnastik und Chinesisch für Dreijährige, ab fünf dann Capoeira und Aikido. Oder soll es gleich »Early stage« mit Schauspiel, Tanz und Gesang sein? Musikalische Früherziehung am besten schon auf Englisch. In Hamburg etwa umfasst das Angebot »Alsterkind« zur Nachwuchs-Optimierung 90 Seiten. Um die gärtnerische Früherziehung kümmert sich allerdings kein einziger Coach. Selbst in Gartenzeitschriften taucht das Thema nur sporadisch auf, einschlägige Bücher kann man an zwei Händen abzählen. Ich kann mir schon denken, warum.

Ab und an liest man in der Biographie eines eminenten Gärtners, dass diese Koryphäe schon im zarten Vorschulalter ein eigenes Gärtchen anlegte (keine Kunst) und jahrelang liebevoll kultivierte (so rar wie ein junger Mozart). Ja, die meisten Kinder machen gern mit, wenn man ihnen ein eigenes Beet vorschlägt. Schleppen begeistert

Steine zur Einfassung herbei, hacken mit kleinen Werkzeugen wie die Spechte, schwenken die Gießkännchen, stippen Pflänzchen und Samenkörner in die Erde. Am nächsten Tag würden sie die Erdbeeren gern ernten oder wenigstens ein Erbsen-Keimblatt sehen. Erklärungen fruchten da wenig: Das ganz normale Kind interessiert sich für sein Beet ungefähr eine Woche lang. Anschließend übernimmt das Unkraut, während liebende Mütter sich in Schadensbegrenzung versuchen, indem sie das Kinder-Gärtchen heimlich jäten und gießen. (So kontraproduktiv wie seinem Kind den Schulaufsatz zu schreiben; denn selbst wenn's der Lehrer nicht merkt – wo bleibt da das Erfolgserlebnis?) Grünfingrige Eltern mogeln trotzdem in der Hoffnung, der Gartenbazillus würde demnächst doch noch dauerhaft von ihnen auf die Sprösslinge überspringen. Aber gefühlte 99 Prozent aller Kinder sind dagegen merkwürdig immun. Und haben sie erst das Teenageralter erreicht, entwickeln sie sogar heftige Allergien gegen Gartenarbeit. Das war bei mir genauso.

Ich musste selbst erst Kinder kriegen, um mich wieder an meine frühen Jahre im Gartenglück zu erinnern. Wie fasziniert ich von den Löwenmäulchen war, deren Maul man so schön auf- und zuschnappen lassen konnte wie die Figuren im Kasperltheater. Auch der Türkenmohn (Papaver orientale) hat bei mir bis heute einen Stammplatz; vielleicht weil meine Großmutter mir einst zeigte, wie man Püppchen daraus zaubert: Die blutroten seidigen Blütenblätter zum Stengel klappen, mit einem Fädchen die Taille binden und fertig ist die kleine Prinzessin mit schwarzem Wuschelköpfchen. Ich staunte, wie meine Mutter Radieschen in Rosen verwandeln konnte, und lernte von ihr, Blumen zu pressen und Veilchen zu kandieren. Mein Vater lehrte mich, aus Haselgerten Pfeil und Bogen zu basteln. Und die Tante aus der DDR wusste, wie man aus Löwenzahnblüten oder Gänseblümchen ganz ohne Schnur oder Draht prächtige Halsketten und Haarkränze flicht: Einfach ein kleines Knopfloch in die Stiele ritzen und die nächste Blüte durchstecken.

Geht also doch, Kindern die Liebe zum Garten einzupflanzen, dachte ich als selber spätberufene Gartlerin – es ist eben ein Langzeitprojekt und man muss bereit sein, auf das Aufgehen der Saat zu warten. Genau da liegt das Problem: Kleine Gärtner können nicht warten. Drei Monate vom Samenkörnchen bis zur Mohrrübe fühlen sich für Kinder so unbegreiflich an wie die Unendlichkeit.

Kinder sind nicht nur ungeduldig, sie sind auch ungenierte Utilitaristen. Pflanzen müssen entweder essbar oder zu irgendwas zu gebrauchen sein. Man sieht Kinder nicht ergriffen vor einer Rose stehen. Aber sie lassen sich dafür begeistern, die Blüten zu entblättern um daraus Rosenmarmelade zu kochen. Sehr beliebt im Alter der zerkratzten Schienbeine und unschuldigen Doktorspiele ist auch selbstgemachte Calendula-Salbe; wie einfach man die heilende Creme aus den leuchtenden Ringelblumen anfertigt, wusste vor 800 Jahren schon Hildegard von Bingen und heute steht's im Internet.

Meine Tochter erinnert sich lebhaft an einen Gartensommer vor 25 Jahren. Sie und ihre kleinen Freundinnen langweilten sich eines Tages – bis ich sie zur Shampoo-Fabrikation animierte. Tagelang wurden Kamille, Lavendel, Rosmarin, Salbei und Duftblattgeranien gerupft, gekocht und der Sud mit geraspelter Kernseife gemischt, in Fläschchen gefüllt und damit wochenlang Friseur gespielt.

Später allerdings riet diese Tochter ihren Erziehungsberechtigten klipp & klar zu Mindestlohn, wenn diese sie zur Gartenarbeit animieren wollten. Das Langzeitprojekt ist in diesem Fall noch nicht abgeschlossen.

3. Loblied auf altmodische Blumen

Unter Rosenmüdigkeit versteht der Gärtner einen einseitig ausgelaugten Boden – weswegen man nicht einfach eine missliebige Rose ausgraben und eine gefälligere an den gleichen Platz setzen kann. Ich beobachte neuerdings eine Rosenmüdigkeit beim Gartenbesitzer selber. Tatsächlich soll der Umsatz der Rosen-Züchter seit ein paar Jahren drastisch zurückgehen. Es wird von Geschmackswandel zugunsten von Stauden und Gräsern gemurmelt. Ich werde dem allmählichen Verschwinden von »Queen Elizabeth« oder »Konrad Adenauer« und anderen duftlosen Allerweltsrosen in unsubtilen Farben keine Träne nachweinen. Weil ich eine Schwäche für altmodische Blumen habe, die viel zu lange viel zu wenig gepflanzt wurden. Drei davon möchte ich Ihnen besonders ans Herz legen:

Sie ist eine Biedermeier-Pflanze par excellence: Lamprocapnos spectabilis, das Tränende Herz. Blaugrüne gefiederte Blätter, im Mai/Juni elegant überhängende Stiele voller pinkfarbener Herzen, aus denen ein weißes Blütenblättchen lugt wie eine Träne. (Warum die Schweizer dieser exotischen Schönheit den Namen »Schlotterhose« gaben, müssen Sie selbst herausfinden.) Das Tränende Herz stammt aus dem Regenwald Nordchinas, weshalb es im Garten gern halbschattig steht und sich bei zu trockener Erde nicht nur saisonal, sondern auf Nimmerwiedersehen verabschiedet. In China entdeckte der botanisierende Jesuit d'Incarville das anmutige Geschöpf und sandte es um 1740 nach Frankreich. Das Boot erlitt Schiffbruch, doch die akkuraten Zeichnungen des Missionars blieben erhalten. So konnten die deutschen Gärtner hundert Jahre lang vom Tränenenden Herz wenigstens träumen. Bis der schottische Pflanzenjäger Robert Fortune 1846 nach China reiste (um auf unfeine Art die Geheimnisse des Tee-Anbaus für die Kolonien der Engländer zu beschaffen) und neben 120 anderen Pflanzen endlich auch das Tränende Herz nach Europa brachte, wo es binnen zehn Jahren zur »allenthalben verbreiteten Prachtpflanze« avancierte. Und schon 1859 entstand in Frankreich, vermutlich durch eine Laune der Natur, eine rein weiß blühende Art, die bis heute kultiviert wird und in einer Schattenpflanzung noch eleganter wirkt als ihre rosige Schwester. Ansonsten hat diese einzigartige Blume aus der Großfamilie der Mohngewächse keinerlei enge Verwandte und sträubt sich auch gegen Kreuzungsversuche.

Das ist beim Phlox ganz anders. Nachdem er im 18. Jahrhundert als noch recht unspektakuläre Staude aus den lichten Wäldern Nordamerika zu uns kam, haben besonders deutsche Gärtner die »Flammenblume« (phlóx ist das griechische Wort für Flamme) eifrig vermehrt, kreuz und quer bestäubt und Hunderte von Sorten kreiert.

Heute gibt es Phlox paniculata, den großblumigen hohen Sommerphlox, in allen Farben außer Gelb. »Ein Garten ohne Phlox ist nicht nur ein bloßer Irrtum, sondern eine Versündigung gegen den Sommer«, beschied der eminente Gärtner Karl Foerster, der um 1930 Blütenstars fürs Hochsommerbeet züchtete. Zum Glück des Gartlers: Im Juli, August sind Päonien, Rosen und Rittersporn verblüht, die Dahlien haben noch keinen Auftritt. Aber der Phlox, der von Jahr zu Jahr üppiger wird, prunkt mit stattlichen Buketts und einem Duft von zarter Süße. Phlox ist vollkommen winterhart. Er mag keinen sauren Boden und ist ansonsten ziemlich anspruchslos, sofern man seinen Wunsch nach kühlen Füßen berücksichtigt – als Flachwurzler trocknet er leicht aus. Mulchen oder leichter Schatten schützt ihn auch vor Mehltau.

An Levkojen, Inbegriff altmodischer Blumen, kann ich mich weder satt sehen noch riechen. Ihre Farbpalette von samtigem Weinrot und Kardinalspurpur bis zu Pastellrosa, Blaßlila und Weiß ist elegant und romantisch. Ihr würziger, schwerer Duft erinnert an teure Parfums und an Goldlack (mit dem sie bis 1800 irrtümlich den botanischen Namen teilte). Die Gartenlevkoje (Matthiola incana) war bis zum Zweiten Weltkrieg sehr verbreitet in deutschen Gärten. In den 50er Jahren wurde sie verdrängt durch duftlose Beetrosen und was sonst noch als pflegeleicht angepriesen wurde. Danach wurde sie weitgehend vergessen. Grund mag sein, dass Levkojen zweijährig sind: Man muss sie aussäen und geschützt über den Winter bringen, damit sie im folgenden Frühsommer ihren Zauber im Beet entfalten. Einfacher ist es, die Jungpflanzen im Frühling in einer Gärtnerei zu kaufen und auszupflanzen. Dabei gut aufpassen, dass man keine simple Zwergsorte erwischt, sondern die seit Jahrhunderten gezüchtete gefüllte Gartenlevkoje, die einen halben Meter hoch wird. Levkojen mögen Sonne und kalkhaltigen Boden und hassen Staunässe. Sie stammen von den Felsküsten des Mittelmeeres, wo sie ausdauernde Büsche bilden. Bereits zu sehen auf dem Bild »Paradiesgärtlein«, um 1415 vom Oberrheinischen Meister gemalt, das zu meiner Schulzeit jedes Lesebuch zierte (das Original hängt im Frankfurter Städel). Und jetzt die gute Nachricht für Gärtner mit einem geschützten, eher trockenen Garten: Diese Ur-Levkoje ist unter dem Namen Matthiola arborescens wieder im Handel (z. B. bei Rühlemann's www.kraeuter-und-duftpflanzen.de).

Sie hat ungefüllte essbare Blüten in den ursprünglichen Farben Violett oder Weiß; wächst rasch zu einem kugeligen Busch, duftet und blüht verschwenderisch viele Sommer lang.

4. Sommer-Feuerwerk

Kornblumen und Kosmeen, Duftwicken und Jungfer-im-Grünen, Ringelblumen und Bechermalven – die Gärten unserer Großmütter und Urgroßmütter waren undenkbar ohne sie. Selbst in finstersten Zeiten, als so mancher wunderbare Garten umgepflügt werden musste zwecks Kartoffelanbau, war zwischen Kraut und Rüben immer Platz für eine Handvoll Sommerblumensaat, die man entweder selbst gesammelt oder für ein paar Pfennige erworben hatte. Unter Sommerblumen versteht die Gartenliteratur nicht nur die Blühphase und den Sonnenhunger dieser Pflanzen, sondern auch ihren relativ kurzen Lebensrhythmus: Sie werden im Frühjahr gesät, prunken einen Sommer lang und sterben im Frost. Weswegen sie auch »Einjährige« heißen. Vielen Gartenbesitzern erschienen diese Annuellen in den letzten Jahrzehnten als zu arbeitsintensiv im Vergleich zu langlebigen Stauden und Gehölzen. Damit verzichten sie freilich auf Farbsymphonien und einen Blütenreichtum, wie sie nur ganz wenige Stauden im Hochsommer bieten können. Deshalb möchte ich Ihnen heute zwei Sommerblumen mit Retro-Charme vorstellen, die man leicht selber aussäen oder auch als Jungpflanzen kaufen kann. Als Zugabe sind diese beiden Dauerblüher auch noch hervorragende Schnittblumen.

Wer sich bei kleinen Kindern beliebt machen will, muss sie unbedingt im Garten haben: Löwenmäulchen sind ein faszinierendes Natur-Spielzeug. Sie fassen sich an wie Samt und wenn man sie seitlich zusammendrückt, öffnen sie Ober- und Unterlippe ihrer Schnute und lassen in ihren tiefen Rachen blicken, in dem ab und an eine Hummel zwecks Bestäubung verschwindet.

Löwenmauls botanischer Name Antirrhinum bedeutet »nasenartig« und geht auf Autoren der Antike zurück (die damit nicht die Blüte sondern die Samenkapsel beschrieben); die Pflanze blühte damals nur in einem dumpfen Weinrot und war im Mittelmeerraum heimisch. Im Prachtwerk »Hortus Eystettensis« über den fürstbischöflichen Garten von Eichstätt wird dann schon 1613 ihr treffender deutscher Name verwendet.

Heute werden Löwenmäulchen gern in Regenbogenmischungen angeboten, oft obendrein zweifarbig und verzwergt. Die Suche nach einer guten einfarbigen Sorte lohnt sich. (Die beste Saat-Palette: www.seedaholic.com) Ich finde, zur komplexen Blütenform dieser unkomplizierten Blume passt am besten die stattliche Höhe von Antirrhinum majus. Und nichts kleidet das zart duftende Löwenmäulchen so gut wie Pastelltöne: Elfenbein, cremiges Vanille, sanftes Lachs, blasses Melonenrosa. (Damit die Löwenmäuler üppige Kandelaber-Büsche bilden, Triebspitzen zwecks Verzweigung ausknipsen.)

Die Zinnie war eins der Lieblings-Modelle auf Emil Noldes Blumenbildern. Wir verdanken sie den Azteken, die sie als Färberpflanze benutzten. Damals war sie allerdings noch weit entfernt von ihrer heutigen strahlenden Schönheit. Als spanische Seefahrer sie Mitte des 18. Jahrhunderts aus Mexiko mitbrachten, gaben sie ihr den Namen »Armenhauspflanze«. Carl von Linné taufte die neue Exotin aus der Astern-Familie 1759 »Zinnia pauciflora« – zum Andenken an seinen jung verstorbenen Göttinger Botanik-Kollegen Johann Gottfried Zinn. Der Zusatz »spärlich blühend« war freilich keine Kaufempfehlung. Es dauerte allerdings auch fast hundert Jahre, bis der Schweizer »Kunstgärtner Froebel« zehn Sorten seiner Zinnia elegans mit großen Blüten in wuchtigen

Farben präsentieren konnte. Damit begann der Siegeszug der Mexikanerin, die sich mal mit limettengrünen Pomponblüten schmückt und mal mit blutroten Blütentellern. Um aus einem Samenkörnchen ihr Feuerwerk zu entfachen, benötigt die Zinnie nur 45 Tage – und das ist nicht ihr einziger Verdienst. Eine altmodische Zinnie war die allererste Blume, die im Weltall erblühte. Im Januar 2016 öffnete sie ihre Blütenblätter an Bord der Raumstation ISS. Astronaut Scott Kelly, Hobbygärtner, twitterte beglückt: »Ja – es gibt andere Lebensformen im All!«

5. Verrückt nach Blau

Kennen Sie die Lieblingsfarbe der Deutschen? Blau! Blau! Blau! In einer Umfrage des Instituts für Demoskopie Allensbach stimmten überwältigende 40 Prozent für Blau. Rot kam nur auf 19 Prozent, Gelb auf elf, Weiß auf acht, Orange und Lila landeten abgeschlagen bei sechs Prozent. Ich finde diese Zahlen hochinteressant. Wenn man sich nämlich zwischen April und Oktober in Gärten und Parks, im Blumenladen und bei Balkongärtnern umsieht, gewinnt man ein ganz anderes Bild. Dort dominieren durchweg die Allensbacher Verliererfarben.

Lieben wir Blau so sehr, weil es sich in der Natur vergleichsweise rar macht? Oder besser gesagt: klein macht? Blaublütige Bäume gibt es hierzulande nicht. Und die meisten Blumen in herzallerliebsten Blautönen – von Leberblümchen, Veilchen und Vergissmeinnicht, von Scilla und Muscari bis zu Enzian, Lein und Nigella – gehen uns höchstens bis zum Knie. Nur einige Sorten von Rittersporn, Schwertlilien, Eisenhut,

Gladiolen und Glockenblumen tragen ihre blauen Blütenköpfe höher. Und ausgerechnet die beliebtesten Gartenstars widersetzten sich allen Kreuzungsversuchen zum Blau-Machen: Bis heute gibt es weder Tulpen noch Nelken, keine Dahlien, Lilien, Chrysanthemen, Päonien oder Rosen in reinem Blau. Obwohl sich unzählige Botaniker und Hobbygärtner damit abgemüht haben. Sie schafften lila Farbtöne, aber niemals das ersehnte Himmelblau oder Königsblau – der Rotstich war einfach nicht wegzukriegen.

Warum ist gerade Blau unsere kollektive Lieblingsfarbe? Im christlichen Abendland war es Symbol der Gottesmutter. Maria wurde fast ausschließlich mit einem blauen Mantel gemalt. Zum einen sollte das ihre Verbindung zum Himmel ausdrücken. Zum anderen auch eine besondere Wertschätzung: Die himmlische Farbe war nämlich höllisch teuer. Strahlendes Ultramarinblau konnte bis 1830 nur aus dem kostbaren Edelstein Lapislazuli gewonnen werden, der mit Gold aufgewogen und pulverisiert den Aquarell- und Ölfarben zugesetzt wurde. Das aus dem Lapislazuli gewonnene Pigment Ultramarin (steht für »aus Übersee«, von wo Alexander der Große es erstmals mitbrachte) war seinen Preis jedoch wert, denn anders als Pflanzenfarben verblasste es nicht. In der deutschen Romantik besangen Dichter dann die surreale Blaue Blume als Chiffre für Weltschmerz und Fernweh. Heute gilt Blau in der populären Farbpsychologie als Farbe der Treue und Verlässlichkeit; sowohl die EU wie die FDP und die Deutsche Bank, Autobahnschilder und Polizisten-Uniformen bedienen sich nicht zufällig dieses positiven Vorurteils bei der Wahl ihres Auftritts.

Meine Wohnung und ich tragen nie Blau, sondern lieber Grün. Aber im Garten ist Blau (neben Weiß) meine Favoritfarbe. Ich kann mich nicht sattsehen an Agapanthus-Dolden und blitzblauen Borretschblüten, an tiefblauer Aubretia und hellblauer Felicia vor dunkelblauer Clematis, an einer Massenpflanzung von Lavendel in verschiedenen Blau-Nuancen. Der Amorpfeil (Catananche caerulea) mit seinem betörenden Blau ist die meist bewunderte Pflanze in meinem Garten. Denn merkwürdigerweise kennen die meisten Gartenfreunde diese so anmutige wie anspruchslose Staude gar nicht. Sie hat graziöses Laub und treibt im Sommer einen regelrechten Blumenstrauß hervor mit immer neuen Blüten, die an Kornblumen erinnern und sich im leisesten Windhauch wiegen.

Die Catananche braucht weder Dünger noch viel Wasser und versät sich auch noch selbst.

Nach dem ersten Überschwang habe ich freilich gelernt, dass ein blauer Garten im wahrsten Sinn des Wortes seine Schattenseiten hat. Liegt er nicht in vollem Sonnenlicht, wirkt er leicht erloschen. Zumal z. B. Felicia amelloides (auch Agathea oder Kapaster genannt) und auch der Amorpfeil bei grauem Wetter ihre Blüten schließen. Weswegen ich jetzt blauen Blumen grundsätzlich weiße oder rosafarbene zur Stimmungsaufhellung zugeselle.

Weil auch der gärtnernde Mensch nun mal besonders gern haben will, was er nicht haben kann, wird seit Jahrhunderten an der Züchtung einer blauen Rose getüftelt. Im Jahr 1840 taten sich Gartengesellschaften aus Belgien und Großbritannien zusammen und lobten ein Preisgeld von 500 000 Franken aus für die erste Person, die eine echte blaue Rose präsentieren konnte. Es wurde nie abgeholt. Erst 2008 kam ein japanisch-australisches Konsortium mit der patentierten blauen Rose »Applaus« auf den Markt. Da es sich um eine heftige Genmanipulation (mit DNA-Bausteinen von blauen Iris und Stiefmütterchen) handelt, ist die Marktzulassung hierzulande allerdings noch fraglich.

Falsche blaue Rosen gibt es dagegen schon lang: Es sind weiße, die mit Farbstoff getränkt wurden. Wenn Sie mal Kinder beeindrucken wollen: Klappt auch zuhause ganz gut mit einem Fläschchen Tinte in der Vase …

6. Im Überfluss

Bei der Inventur zu Anfang und Ende der Gartensaison ist es alle Jahre wieder das Gleiche: Man entdeckt, was der ehrbare Kaufmann »Überplanbestand« nennt. Jede Menge Ungeratenes, Ungeliebtes, Fehlkäufe und unkontrolliert Wucherndes. Das vom Nachbarn eingewanderte Geißblatt muss raus, trotz seines lieblichen Duftes, weil wir grad noch rechtzeitig entdecken, dass es den Schneeballstrauch im tödlichen Würgegriff hat. Der junge Nussbaum, vermutlich von einem Eichhörnchen gepflanzt, hat sich hinter der Strauchrose unbemerkt auf Mannshöhe gestreckt und kann da unmöglich bleiben. Mit der Azalee, einem einst prachtvollen Gastgeschenk, hat es wirklich keinen Zweck: Sie kränkelt und verzehrt sich nach einem feuchten sauren Boden, den ich nicht habe und ihr auch mit Spezialdünger nicht vortäuschen kann. Die Japan-Anemonen, die Maiglöckchen, der Frauenmantel wiederum leiden nicht an Magersucht sondern an Adipositas, da muss die Gärtnerin zum Spaten greifen.

Gesagt, getan – und jetzt, wohin damit? Auf den Kompost, sagt der Mann. Irgendwie bring ich das nicht übers Herz. Ich würde ja auch keine Katzenbabies aussetzen. Und überhaupt gehöre ich zu der Generation, der man im Kindesalter einschärfte, dass man Essen nicht wegwirft. Was mich zu einer ziemlich versierten Reste-Köchin machte … und da soll ich jetzt ein Dutzend überzählige Rhabarber- und Artischockenpflanzen, die beim notwendigen Stauden-Teilen anfielen, den Regenwürmern zum Fraß vorwerfen? Dann verschenk sie eben, sagt der Mann. Der Mann hat keine Ahnung, dass meine Gartenfreundinnen entweder mit Gemüsegarten nichts an ihrem Blumenhut haben oder vor dem gleichen Platz-Problem stehen wie ich.

Mit überzähligen Pflanzen ist es so ähnlich wie mit Büchern: Jeder beteuert seine Wertschätzung, aber wenn's drauf ankommt, will keiner sie haben. Im Altenheim winken sie so dankend ab wie im Antiquariat, bei Oxfam genügt ein Eselsohr zur Ablehnung und junge Leute lesen sowieso lieber online. Wahrscheinlich genügt ihnen auch ein virtuelles Blumenbeet.

Was keiner geschenkt haben will, lässt sich neuerdings fast überall zu Markte tragen auf einem der Gartenflohmärkte, die besonders zur Pflanzzeit im Frühling und Herbst florieren. Diese Veranstaltungen verfahren nach zwei Systemen. Die einen setzen auf das hochmögende Prinzip der Bargeldlosigkeit und des einvernehmlichen Tauschens: Mein Veilchen gegen deine Schlüsselblume. Dein Thymian gegen meinen Rosmarin. Leider wachsen bei diesem System auch die Zankäpfel. Weiß nicht jeder, empört sich ein Anbieter, dass ein Estragon viel wertvoller ist als ein Schnittlauch? Eine dreitriebige Rose kostbarer als die wuchernden Goldruten (Solidago), die der Interessent zum Tausch anbietet? Wegen solcher Querelen setzen die meisten Pflanzenbörsen inzwischen lieber auf Gartenschätzchen gegen gedeckelte Preise. Es gibt bei diesen Veranstaltungen jede Menge Pflanzenbabies in Joghurtbechern und Staudenableger in Müllbeuteln, die nicht zu verachten sind. Im Gegensatz zu dem nett getopften Lavendel oder Johannisbeerstrauch bei denen man leider erst zuhause feststellt, dass sie lieblos ausgerissen sind, nur drei Millimeter Wurzeln mitbringen und damit zum frühen Kindestod verdammt. Konsumverzicht üben sollte man am Campingtisch der Dame, die zwischen allerlei Staudenstecklingen im Oktober abgeblühte Vergissmeinnicht und Ringelblumen anbietet – offenbar kennt sie noch nicht mal den Unterschied zwischen ein- und mehrjährigen Pflanzen; wahrscheinlich ist auch ihr übriges Sortiment falsch etikettiert und/oder voller Unkrautkeime.

Letztes Jahr nahm ich an einem Gartenflohmarkt für einen guten Zweck teil; tagelang hatte ich den Überfluss meines Gartens behutsam ausgegraben, hübsch frisiert und etikettiert, in gute Erde und schöne Tongefäße gepflanzt. Und ärgerte mich über Kunden, die zwar unbedingt den Blumentopf wollten, aber nicht den Buchs darin. Oder genau umgekehrt. Das muss ich nicht noch einmal haben.

Also haben wir in diesem Jahr große Wassereimer vors Gartentor gestellt und darin die überzähligen Stauden und jungen Bäume, darüber ein Schild »Pflanzen zum Mitnehmen«. Viele Leute kamen vorbei, blieben stehen. Aber erst in der zweiten Nacht schritten unbekannte Gärtner beherzt zur Selbstbedienung. Das Misstrauen gegen »was umsonst« ist scheinbar tief verwurzelt. Nicht bei allen Menschen, freilich. Denn wir hatten auch ungebetene Gäste im Garten, die sich interessiert in meinen Rabatten umsahen. Auf die höfliche Frage, was sie hier suchten, entgegnete das Paar, sie suchten sich hier Pflanzen zum Mitnehmen aus …

7. Stehen lassen!

Nur wenige Leute haben die innere Größe, von Ferienreisen mit leeren Händen zurückzukehren. Das Gros der Urlauber möchte sich und die anderen dauerhaft daran erinnern, wie toll die Reise war. Seit Lichtbildervorträge für die Daheimgebliebenen mega-out sind, müssen handgreifliche Souvenirs her. Drum hängt jetzt ein afrikanischer Speer, eine balinesische Marionette, ein japanisches Rollbild überm Wohnzimmersofa.

Gärtner sind da anders. Aber nur ein bisschen. In ihrem Gepäck ist kein Platz für Bongotrommeln oder Jade-Buddhas. Weil sie auf der Jagd nach Garten-Trophäen sind. Beladen mit blauem Natternkopf (Echium) und Paradiesvogelblumen in leuchtendem Orange (Strelitzia), kehren gartelnde Urlauber von den Kanaren oder Madeira heim. Auf der Rückreise von England, Belgien oder Holland sind die überladen klaffenden Kofferräume über Ziersträuchern und Obstbäumen aus den Mutterländern der besten Baumschulen mit Stricken zugebunden. In jedem ehrgeizigen Gärtner steckt eben immer noch ein Quentchen der legendären Pflanzenjäger, ohne deren Beute unsere Gärten heute arm wären. Wir hätten weder Azaleen, Dahlien, Tulpen noch tausend andere Schönheiten. Eintönig sähe es auf unseren Tellern aus, wenn wir nicht gelernt hätten, die importierten Tomaten, Bohnen und Kartoffeln anzubauen.

Auch ich war früher im floralen Jagdfieber. Ich erinnere mich an Rückflüge aus Marrakesch oder Mallorca mit einem stattlichen Orangenbäumchen oder einer ausladenden Bougainvillea auf dem Schoß. Was damals nicht beanstandet wurde, sonst hätte man ein Dutzend der Passagiere enteignen oder der Maschine verweisen müssen, da sie ebenfalls Zitronenbüsche, Palmen, Oliven- und Mandelbäumchen zwischen die Schenkel geklemmt hatten. Es erwies sich freilich, dass die meisten dieser Deportierten aus dem Süden über kurz oder lang im veganen Massengrab, sprich Komposthaufen, endeten. Sie vertrugen den deutschen Winter nicht und fanden den deutschen Sommer nicht sonnig genug. Im amateurhaften Glashaus kriegten sie jede Menge Krabbelzeug und tödliche Krankheiten.

Die Zeiten solcher Eigenimporte sind vorbei.

Nicht nur, weil die Fluglinien nicht mehr mitspielen. Sondern auch, weil man sich inzwischen fast jede exotische Pflanze aus einer Spezialgärtnerei im Internet bestellen kann. Obendrein hat der Zoll ein scharfes Auge auf alles Grünzeug im Gepäck, besonders aus Nicht-EU-Ländern. Selbst der kommerziell angebaute Koriander aus Thailand wird konfisziert, weil er im Verdacht steht, den Pflanzenschädling Minierfliege als blinden Passagier zu transportieren, sofern das Töpfchen nicht ein amtliches Pflanzenschutzzeugnis dabei hat. Das Goethe-Zitat »Erlaubt ist, was gefällt« hat beim blühenden Andenken weitgehend ausgedient, selbst wenn die Pflanze nicht dem Artenschutz unterliegt und ganz legal gekauft wurde.

Dass es nicht nur unhöflich, sondern oft sogar strafbar ist, Pflanzen in freier Wildbahn auszugraben als Mitbringsel für den heimischen Garten, hat sich inzwischen herumgesprochen. Aber es hat gedauert. Anfang des vorigen Jahrhunderts war die beliebteste Souvenir-Pflanze das vielbesungene Edelweiß. Im Allgäu erhebt sich bei Oberstdorf die Höfats, ein 2259 Meter hoher Grasberg mit steilen Flanken und üppigen Tuffs von Edelweiß. Die waren 1935 fast verschwunden. Nicht alle Sommerfrischler waren sportlich genug, das begehrte Edelweiß selber kraxelnd zu erbeuten. Aber in der Inflationszeit nach dem Ersten Weltkrieg verdienten sich hungernde Einheimische ein Zubrot und verkauften die Pflanzen am Bahnhof von Oberstdorf unter der Hand an die Touristen. Deshalb beschloss die Bergwacht damals, die symbolische Alpenblume während der Blütezeit von Juni bis September rigoros zu bewachen. In Zelten und Biwaks kauerten die Bergwächter mit dem Feldstecher und brachten die blümelnden Wilderer auf. Erst 2007 hatten sich die Edelweiß-Bestände wieder zu ihrer ursprünglichen Pracht erholt; zugleich konstatierten die Bergwächter ein deutlich gestiegenes Umweltbewusstsein und brachen nach 72 Jahren zufrieden ihr Edelweiß-Schutzcamp ab.

8. Ich habe was, was du nicht hast

Eigenlob stinkt!« Das krähten wir schon im Kindergarten, wenn ein Knirps-Kollege sich irgendwelcher Fähigkeiten rühmte, die uns abgingen. Unter Hobbygärtnern ist Angeberei nicht minder verpönt. Es gilt als taktlos, beim Anblick des Rittersporns in Nachbars Garten zu sagen: »Meiner blüht aber viel blauer und üppiger!«, selbst wenn es die Wahrheit ist. Und wenn die Freundin uns mit drei schorfigen Birnen-Krüppeln aus ihrem Garten beglückt, dann ist es unfein zu erwähnen, dass wir körbeweise makellose Williams-Birnen geerntet haben.

Nur sehr wenige Menschen können sich ihr Haus samt Mobiliar mit eigenen Händen ganz nach ihren Wünschen bauen – aber 28 Millionen Deutsche haben einen Garten. Dort bestimmt der Gärtner allein Farben und Formen, Licht und Schatten, Düfte und Stimmung. Darin steckt viel Selbstverwirklichung und eine geballte Menge Kreativität. Drum ist es naheliegend, dass man auf seinen Garten insgeheim stolz ist. Die Betonung liegt auf insgeheim. Denn Eigenlob … Aber ein bisschen dezentes Prahlen muss ja wohl erlaubt sein.

Das mag der Grund sein für eine häufig anzutreffende gärtnerische Schrulle. Karin hat die herrlichsten Päonien weit und breit – doch sie tut die einhellige Begeisterung ihrer Besucher mit achselzuckendem Understatement ab und zeigt einem stolzgeschwellt die fossilen Versteinerungen, die sie beim Umgraben in ihrem Garten gefunden hat. Felix und Sibylle bestellen einen romantischen Teichgarten, aber sie wollen lieber dafür bewundert werden, dass sie neuerdings eine Eule namens Harry Potter als Untermieterin haben. Eigentlich sollte die hohle Trauerweide schon gefällt werden, doch dann hörten sie da dieses gespenstige Schnarchen und entdeckten beglückt die Schleiereule. Marion ist ganz aus dem Häuschen, weil sie auf ihrem Grundstück eine Wasserader entdeckt und jetzt einen eigenen Brunnen hat. Mein Freund Markus wiederum erzählt jedem, dass in seinem Garten, mitten in der Stadt, ein Imker zwei Bienenstöcke aufgestellt hat. Und einen Igel hat er auch. Ist das nicht der Beweis für seinen Öko-Daumen?

Ich bin kein bisschen anders. Jedem Gartenbesucher zeige ich, wo die Kröten sich verstecken, und an heißen Sommertagen versuche ich, ihm die kleine grünliche und die große grau-braune Eidechse zu zeigen. Ich benehme mich also ziemlich zu Unrecht wie eine Bedrohte-Arten-Flüsterin. Und obwohl oder weil ich auch dafür keinen Finger krumm gemacht habe, blühen bei mir im Juni in der Wiese massenhaft wilde Orchideen. Mein ganzer Stolz. Sie waren einfach da. Es hat allerdings zehn Jahre gedauert, bis ich's gemerkt habe. Eines Tages im Frühling entdeckte ich in meinem schütteren Rasen (viel Kalk im Boden) große Polster der gezähnten kleinen Blattrosetten, welche die gewöhnlichen Wiesenmargeriten ankündigen. Ich beschloss, einige Driften als Sperrgebiet für den Rasenmäher abzugrenzen, und freute mich im Frühsommer an den weißen Tuffs im grünen Gras. Als die Margeriten schon allmählich verblühten, sah ich dazwischen erst zwei, drei, bald zwanzig auffallende rosa-violette Blüten. Es handelte sich um die Pyramiden-Orchidee (orchis pyramidalis), die europaweit unter strengstem Naturschutz steht. Ich wusste im ersten Moment nicht, ob ich die Purpur-Kerzen als Geschenk des Himmels betrachten sollte oder als Illustration des Sprichworts »Die dümmsten Bauern haben die dicksten Kartoffeln«. Schließlich hatte ich den unauffälligen Austrieb dieser Orchideen (kann man mit dem Spitzwegerich verwechseln) jahrelang einfach übergemäht. Inzwischen werden große Partien der Wiese erst Anfang Juli geschnitten und ich labe mich an Hunderten dieser prächtigen Orchideen- und dem unverdienten Lob für meine Gärtnerkünste.

Die Suche nach einem Alleinstellungsmerkmal, nach dem ganz Besonderen, das man nicht kaufen kann und das es nicht in Nachbars Garten gibt, führt aber auch zu Blamagen. So freute sich ein Mann aus meinem weitläufigen Gartler-Bekanntenkreis, einen Tannenhäher in seiner Eibe gesichtet zu haben. Dieser Vogel ist ziemlich selten und »lebt sehr heimlich« wie es auf Vogelkundler-Deutsch heißt. Die Frau des Tannenhäher-Entdeckers ließ sich vom Stolz über die Rarität mitreißen und gab die frohe Kunde sofort telefonisch an ihre Freundin weiter. Eine halbe Stunde später stand deren Mann, ein Hobby-Ornithologe, mit Feldstecher, Profi-Kamera und Stativ vor der Tür. Er klappte das Stativ nicht mal auf, sagte nur: »Das ist kein Tannenhäher, sondern ein ordinärer Grünling – der schreit nur so ähnlich.«

9. Schwarzes Loch

Jeder hat schon mal vom astronomischen Begriff »Schwarzes Loch« gehört und sich vielleicht nicht viel darunter vorstellen können. Aber man muss nicht Einstein oder Stephen Hawking heißen, um die Sache zu begreifen. Es genügt, wenn man einen Garten hat. Denn das Phänomen des Schwarzen Loches wird von Physikern beschrieben als ein »Raumgebiet ... in das Materie nur hineinfallen, aber nicht wieder hinausgelangen kann«. So ein Raumgebiet habe ich auch. In meinem müssen mehrere Gartenscheren, Schäufelchen, Pflanzhölzer, Brillen, Schlüsselbunde, Samentütchen und sogar ein Handy liegen.

Als meine Kinder noch im Haus waren, wusste ich mir nicht anders zu helfen, als meine sehr gute Nagelschere an einer langen dünnen Klempnerkette im Schrank anzunageln, so dass sie zwar genügend Spielraum für die Mani- und Pediküre bot, aber nicht auf Nimmerwiedersehen verschleppt werden konnte. Leider eignete sich diese Methode der Besitzstandswahrung nicht für die

Gartenarbeit mit meiner kostbaren japanischen Buchsbaumschere. Deswegen liegt sie jetzt im Schwarzen Loch.

Von Vita Sackville-West weiß man, dass sie ihre Gartenschere prinzipiell an der Wade trug – in den eleganten Schaftstiefeln, mit denen sie täglich ihren weltberühmten Garten in Sissinghurst abschritt. Ich habe versucht, das nachzumachen, was mir aber nur ein blutiges Schienbein eintrug, weil ich statt in maßgeschneidertem Juchtenleder nur in ordinären Gummistiefeln unterwegs war.

Der Garten frisst nicht nur Scheren und kleine Werkzeuge. Abwechselnd rechte und linke Gartenhandschuhe z. B. verschwinden darin schneller als Socken in der Waschmaschine. Auch Sonnenbrillen verschluckt das Grün mit Begeisterung. Ich weiß doch genau, dass ich sie im Juni beim Unkrautjäten im Lavendelbeet noch aufhatte – aber selbst wiederholtes sorgsames Harken brachte sie nicht wieder zum Vorschein. Hatte sich die Erde aufgetan und meine Designerbrille verschluckt? Nach Monaten – ich habe längst eine neue Sonnenbrille gekauft – finde ich sie wieder. Da sitzt sie und blinkt höhnisch in der Wintersonne auf dem jetzt kahlen Fliederast neben dem Lavendel.

Und gibt es eigentlich etwas Frustrierenderes als die riesigen Laubsäcke, die man im Herbst im Schweiße seines Angesichts zusammengefegt hat, wieder auf den Rasen kippen zu müssen? Weil dem Mann plötzlich auffällt, dass der aufsteckbare elektronische Sucher (alternativ: die Gegenlichtblende, der Objektivdeckel) für seine Kamera weg ist – grad hatte er damit noch das Eichhörnchen fotografiert. Also kriechen wir und zufällig vorbeikommende Freunde wühlend auf allen Vieren herum und versuchen das kleine schwarze, aber teure Ding wiederzufinden.

Merke erstens: Was aufsteckbar ist, kann auch abfallen. Deswegen mache ich längst einen Bogen um diese Wunderwerkzeuge mit auswechselbaren Köpfen. Harken, Grubber, Hacken, die fest mit dem Stiel verbunden sind, können sich nicht so leicht im Garten-Gewölle verkrümeln.

Merke zweitens: Alles, was in Hemd- und Hosentaschen steckt, landet bei der Gartenarbeit früher oder später im Schwarzen Loch. Wo es im Garten, anders als am Firmament, gelegentlich aber doch wieder hinausgelangen kann. So ist zum Beispiel der Komposthaufen, wie jeder Gärtner weiß, nicht nur eine wahre Fundgrube für Kartoffelschäler, die mit den Gemüseabfällen entsorgt wurden. Neulich entdeckte ich im Kompost außer Regenwürmern auch ein Schweizer Taschenmesser mit allen Schikanen und eingraviertem Namen, das ich meinem Mann vor zwei Jahren geschenkt hatte. Vier Wochen später hatte er es verloren. Eine Fahrt mit der Spülmaschine und das gute Stück glänzte wie neu. Also kriegt er es jetzt noch mal zu Weihnachten.

Auch beim Umgraben und Pflanzen finden sich regelmäßig Dinge, nach denen sich vor 30 Jahren jemand vergeblich die Finger wund gescharrt haben muss: Ein Fünfmarkstück, einzelne Ohrringe, rostige Fahrradschlüssel, eine erstaunlich gut erhaltene Kreditkarte aus dem letzten Jahrhundert. Fragmente einer randlosen Brille, denen die Hobby-Archäologin ansieht, dass sie zuvor vom Rasenmäher plattgemacht wurde. Messer und Gabeln, die von vergangenen offenbar sehr feucht-fröhlichen Sommernachtsfesten erzählen, Und alle Jahre wieder kaum verblichene kleine Lego- und Playmo-Männchen, die aus der längst eingeebneten Sandkiste stammen und die ich mit Rührung aufhebe.

10. Von wegen Hobby!

Dreimal dürfen Sie raten: Was hört ein Gartenbesitzer am häufigsten, wenn er bekannten oder unbekannten Leuten seinen Garten zeigt? »So ein Fleckchen Erde hätte ich auch gern« und »Soll ich mal zum Unkrautjäten vorbeikommen?« Oder vielleicht: »Können wir ein paar Äpfel pflücken?« und »Wie heißt denn diese Rose?«

Nichts von alldem. Der stereotype Satz lautet: »Ist das nicht furchtbar viel Arbeit?« Zugegeben, die Frage wird leidenschaftlichen Gartlern hauptsächlich von Menschen gestellt, die allenfalls einen Balkon oder Grillplatz begrünen und Regenwürmer für Ungeziefer halten. Als Antwort murmle ich meist sibyllinisch »Man muss es mögen ...« Denn die Frage hat nie aufgehört, mich zu irritieren. Wahrscheinlich ist sie sogar als Kompliment gemeint. Aber ich stelle mir dann vor, wie junge Mütter oder Großmütter reagieren würden, wenn ich in den Kinderwagen gucke und sage: »Süß – aber ist das nicht furchtbar viel Arbeit?« Sie sähen mich vermutlich an, als sei ich nicht ganz dicht.

Auch die Gartenfrau will ja nicht für ihren Fleiß gelobt werden, sondern für ihren Form- und Farbsinn, ihre botanischen Kenntnisse, ihr grünes Händchen, ihr joint-venture mit der Natur.

Ich fühl mich durch das Fleißkärtchen unverstanden. Auf eine Stufe gestellt mit Menschen, die den Kölner Dom aus Streichhölzern nachbauen oder unermüdlich Norweger-Socken stricken. Aber ein Garten ist kein Hobby, das man in die Schublade räumen oder sogar mal ein Jahr ad acta legen kann. Ein Garten prägt den Alltag seiner Besitzer, auch wenn man das zu Anfang gar nicht ahnte. Er verändert das Leben mindestens so tiefgreifend wie die Anschaffung eines Haustiers. Ein Garten maunzt oder bellt zwar nicht, wenn man ihn dursten und hungern lässt. Aber er meutert mit schlaffen Blütenköpfen und gelben Blättern bei Vernachlässigung. Er kriegt die absonderlichsten Krankheiten, wenn wir ihn nicht aufmerksam beobachten und pflegen. Und zwar dauernd. Als wir unser erstes Dutzend Tulpen pflanzten, dachten wir, alles was im Garten kreucht und fleucht seien die lieben Bienen und Vögelchen. Die Artenvielfalt von Läusen, Flöhen, Maden, Zünglern, Schnecken,Viren und Wühlmäusen kam in unseren Gartenträumen nicht vor.

Gärten sind außerdem bockig. Sie widersetzen sich unseren tollen Ideen und ausgeklügelten Entwürfen: Ein Designermöbel kann man hinstellen, wo es am besten aussieht. Ein Gewächs leider nicht. Es schert sich nicht um unser geschmackvolles inneres Auge, wenn ihm am vorgesehenen Platz die Bodenbeschaffenheit, die Lichtverhältnisse oder der Wind nicht passen, und geht schnurstracks ein.

Der Garten diktiert unsere Freizeitgestaltung, denn unser Terminkalender ist ihm piepegal. Rasen mähen und Narzissen pflanzen am 18. September klingt gut – aber was ist, wenn es die ganze Woche in Strömen regnet? Dann muss es eben am Sonntag danach gemacht werden ... da wollten wir zwar Freunde in Berlin besuchen, aber die werden die Absage schon verstehen; sie haben nämlich selber einen Garten. Gartenlose Freunde sind da nicht so tolerant, weswegen sie allmählich weniger werden. Aber ein Garten ist eben kein Hobby, sondern ein Vertrag auf Lebenszeit: Mit an Sicherheit grenzender Wahrscheinlichkeit überlebt der Garten uns und nicht umgekehrt, so wie die meisten Haustiere. Ein Garten zieht nicht, wie die Kinder, irgendwann aus – will oder kann man ihn nicht länger umsorgen, muss man schon selber ausziehen.

Um auf Ihre Frage zurückzukommen: Ja, Arbeit macht er auch. Ich zum Beispiel muss jetzt noch schnell raus und mit Milchwasser gegen Mehltau gießen.

11. Sommergäste

Im Juni zeigt jeder Garten was er kann: Rosen und Stauden entfalten ihre verschwenderische Pracht, der Rasen ist noch sattgrün, Flieder und Jasmin sind in Blütenschleier und Duftwolken gehüllt. Weil die Gärten nie schöner sind als im Juni, ist dies der absolute Rekordmonat der Offenen Gartenpforten und der Besucher-Invasion im öffentlichen wie im privaten Gartenidyll. Freunde oder Nachbarn, die man ewig nicht gesehen hat, kommen an sonnigen Wochenenden un- oder angemeldet vorbei. Das schmeichelt der Gärtnerin, stellt sie aber auch vor Probleme. Was tun mit der Schwipp-Schwägerin, die auf high heels über die Pflastersteine kippelt? Am besten zum Vertikutieren auf den Rasen schicken. Haben wir genügend Holunder-Limonade gemacht? Genügend Gartenstühle aufgestellt?

In Nöte gerät die Gartenfrau beim Besuch von Verwandten und Bekannten, die selber garteln und obendrein ein gutes Gedächtnis besitzen. »Wo ist eigentlich das Thalictrum delavayi, das ich dir zu Ostern mitgebracht habe?«, fragt arglos ein befreundeter Gärtner. Die traurige Wahrheit ist, dass mir die wunderbare China-Wiesenraute eingegangen ist, weil ich die Jungpflanze ein paar heiße Tage lang vergaß zu gießen. Ich murmle aber lieber was von unverschämten Schnecken. Es geht noch peinlicher: »Zeig mir doch mal die zweifarbigen Schwertlilien, von denen ich dir vor fünf Jahren so viele Rhizome gegeben habe.« Mit hochrotem Kopf sage ich was von einem Kuchen im Ofen und renne erst mal weg, um mir eine Ausrede zu überlegen. Irispflanzen werden weder von Schnecken noch Frost umgebracht. Aber ich kann schließlich nicht zugeben, dass ich blau-gelbe Iris noch nie leiden konnte und sie deshalb kompostiert statt gepflanzt habe.

Man hat an solchen Tagen nicht nur Besuch von Gartenenthusiasten. Manche kommen in Begleitung widerwilliger Anhängsel. Um größere Kinder muss man sich keine Sorgen machen. Erstens sind sie rar unter den Gästen, weil das Leben lehrt, dass sich der Mensch zwischen Konfirmation und Abitur nur wenig schlimmeren Zeitvertreib vorstellen kann als Gartenbesuche. Rücksichtsvolle Eltern tragen dem Rechnung und lassen ihr pubertierendes Kind ins Schwimmbad oder vor seinem Computerspiel. Mitgeschleifte Kinder tragen eine mürrische Miene zur Schau, bleiben demonstrativ im Haus oder kicken verdrossen in die Büsche und köpfen rachsüchtig eine Blume, wenn sie glauben, keiner schaut hin. Das ertrage ich mit Nachsicht; wahrscheinlich war der aufgezwungene Gartenbesuch eine pädagogische Strafmaßnahme.

Hunde sind mir im Garten teils, teils willkommen. Bei fanatischen Löcher-Buddlern und chronischen Beinhebern spreche ich mich höflich für Leinenzwang aus. Gut erzogene Jagdhunde, die man jederzeit zurückpfeifen kann, ermuntere ich zum Herumtollen. Und zum Vergraulen ungebetener Besucher. Denn seit meine greise Nachbarin ein Katzenrestaurant eröffnet hat und jeden Abend einen Freitisch (mit Brekkies auf Papptellern) für erst drei, inzwischen zwölf Streunerkatzen bietet, dient mein Garten als Katzenklo. Wer (wie ich) selber mal Katzen hatte, weiß: Die ästhetischen Tiere verrichten ihre Notdurft niemals in Sichtweite ihres Esstisches. Sondern lieber in gebührender Entfernung – also bei mir. Wo sie nächtens die Saatbeete aufscharren und mit den Steckzwiebeln kegeln.

Außer dem Besuch von Hunden und Katzen

erfordern auch menschliche Vierbeiner, nämlich Krabbelkinder, die höchste Aufmerksamkeitsstufe der Gärtnerin. Hat das robbende Kind nonchalante Eltern, darf es sich nach Herzenslust Kies in den Mund stopfen und könnte sich ohne die Wachsamkeit der Gartenbesitzerin auch giftige Maiglöckchen oder Eisenhutblätter einverleiben. Ich weiß, wovon ich rede: Von mir gibt es ein Babyfoto mit erschrockenen Augen und braun verschmiertem Mund, über das sich meine nonchalanten Eltern noch im hohen Alter totlachen konnten. Weil ich die Nacktschnecke mit Schokolade verwechselt hatte.

12. Jugendsünden

Die meisten Leute meiner Generation haben irgendwo hinten im Schrank noch so ein paar dicke Bücher ohne Titel. Diese Schinken haben Leder- oder Leineneinband; die Seiten sind aus Pappe und Seidenpapier. Jungen Menschen, die ihr erstes Smartphone in der Schultüte bekamen, muss man heutzutage erklären, was ein Fotoalbum ist: Eine analoge Erinnerung an vergangene Zeiten. Die durchaus nicht immer das Gefühl hervorruft, früher sei alles besser gewesen. Sondern oft genug Schamgefühle: Wie bitte – diese Tussi mit der hennaroten verpfuschten Dauerwelle soll man selber mal gewesen sein? Und lief anscheinend freiwillig herum in lila Latzhosen oder mit Schulterpolstern so dick wie Sofakissen?

Bei gärtnernden Menschen beschränkt sich der Retro-Schock nicht auf Modesünden.

Als ich neulich meinen Kindern mal zeigen wollte, wie süß sie als Babies waren, stieß ich auf ein vergessenes Fotoalbum mit Gartenbildern. In gewisser Weise ähnelten die Bilder den Kinderfotos. Nur, dass hier nicht (kunstlos, doch voller Mutterliebe) das erste Lächeln, der erste Zahn dokumentiert wurden, sondern die ersten Grashälmchen, die erste Osterglocke im ersten Gartenjahr. Die Pflanzung des ersten Apfelbaumes. Ein Jahr später dann die spärliche erste Ernte, die mit Siegermiene in die Kamera gehalten wird.

Auch mein Garten ist inzwischen über 30 Jahre alt und an guten Tagen bin ich stolz und zufrieden damit, wie ich ihn aufgezogen habe. (An schlechten Tagen habe ich allerhand zu bemäkeln.) Meine gärtnerischen Jugendsünden jedoch hatte ich weitgehend verdrängt. Bis ich das alte Gartenalbum wiederfand.

Hatte ich allen Ernstes mal dieses unsägliche Pampasgras im Garten? Und diese schreiend bunten Fransentulpen? Ich muss verrückt gewesen sein, als ich mit der typischen Ungeduld des Neu-Gärtners dieses bedrohliche Gewölle aus Schlingknöterich und Efeu anpflanzte, um den Kompostbehälter zu verstecken. Und was hatte ich mir dabei gedacht, eine Beinwell-Staude und eine Topinambur-Knolle wegen ihres ausdrucksvollen Laubes ins Phlox-Beet zu setzen? Bestimmt nicht, dass ich bis zum heutigen Tag mit den Ausläufern der längst entsorgten Pflanzen zu kämpfen habe. Und welcher hinterlistige Mensch hat mir geraten, eine ganze Rabatte von Germanium endressii anzulegen, dem pinkfarbenen Storchschnabel, der daraufhin den Garten bis in den letzten Winkel eroberte? Wieso musste ich erst zum Hautarzt, bis ich herausfand, dass die Verbrennungen an den Unterarmen von der bildschönen, aber schwer ätzenden Herkules-Staude stammten?

War ich wirklich mal angetan von dieser abgrundtief banalen rosa Rose ohne Duft und ohne Namen, die ich auf einem Pflanzenmarkt gekauft und prominent neben die Terrasse gepflanzt hatte? Ich habe sie später getilgt, aber es war ein folgenschwerer Fehler, weil ich sie wegen der berüchtigten »Rosenmüdigkeit« des Bodens jahrelang nicht durch eine anmutigere Schwester ersetzen konnte.

Nicht alles in meinem Gartenfotoalbum war schlecht und musste ausgerissen werden. Manches nahm stattdessen Reißaus vor mir. Das anmutige violette Hohe Eisenkraut (Verbena bonariensis) und eine rare blütenübersäte Kamelie, frisch nach dem Kauf fotografiert, habe ich gehätschelt, doch meine Liebesmüh war vergebens. Wirklich bildschön auch dieser Blaue Tibetmohn. Aber Meconopsis blühte nur einmal und verschwand auf Nimmerwiedersehen. Wovor einen übrigens jedes anständige Gartenbuch zwischen den Zeilen warnt. Heute weiß ich: Formulierungen wie »Liebhaberpflanze« und »nicht immer winterhart« sind eine vornehme Kaufwarnung. Aber angehende Gärtner haben oftmals ein Besserwisser-Gen oder sie glauben an Wunder.

P.S. Habe das Gartenalbum weggeworfen. Brauche keine analogen Erinnerungen an Geschmackssünden und Gärtnerpfusch.

13. Der Stiefgarten

I[illegible]len Wohnungen gibt es ein wenig frequentie[illegible]Gästezimmer, oftmals ein ehemaliges Kinderzi[illegible] das im Lauf der Jahre zur Abstellkammer mu[illegible]Der seltene Schlafgast muss den Raum teilen m[illegible]m leeren Vogelbauer oder Aquarium, einem [illegible]gierten Wäschetrockner (»wollten die Kinder [illegible]bholen«), einer Torfkiste mit Dahlienknollen [illegible]les Winterquartier, weil hier normalerweise ni[illegible]eizt wird«) und einem Schrank voller eingemo[illegible] Skiklamotten.

Das Äquivalent dieser stiefm[illegible]ich möblierten Gästezimmer ist der Stiefgar[illegible]ch schätze, die Hälfte meiner Gartenfreunde h[illegible]inen. Ich auch. Es ist der Teil des Gartens, an [illegible]esucher im Eilschritt vorbeigelotst werden, w[illegible]em der Anblick peinlich ist. »Hier gibt es [illegible]oment wirklich nix zu sehen, wir wollen de[illegible]hst da was ganz Neues …« Der Text geht [illegible]einem nach zehnjähriger Wiederholung ga[illegible] über die Lippen.

Der Stiefgarten entste[illegible] durch

den Auszug der Kinder. Er findet sich auch bei jungen Familien, bei Singles und Kinderlosen. Denn das Messie-Eck im Grünen erwächst aus anderen Gründen: Es liegt vielleicht zu nah an der Straße oder an den unliebsamen Nachbarn, die an der Grundstücksgrenze eine Gierschplantage und ganzjährig einen stinkenden Grill betreiben. Es ist zu schattig, zu steil, zu sumpfig oder zu steinig. Es ist eine verhunzte Tannenschonung, weil der Vorbesitzer (oder noch schlimmer: Der Gärtner selbst in seinen Anfangsjahren) dort immer seinen getopften Christbaum ausgepflanzt hat. Es ist ein Fleckchen Garten, zu dem einem nichts einfällt, an dem man mit abgewandten Augen vorübergeht. Wo einem sofort die Arme müde werden, wenn man gelegentlich einen halbherzigen Versuch unternimmt »etwas Anspruchsloses« zu pflanzen und das schlimmste Unkraut einzudämmen.

Die Vegetation des Stiefgartens gleicht sich in den unterschiedlichsten Gärten und den verschiedensten Ländern auf erstaunliche Weise. Die Leitpflanzen sind Efeu, vergreiste Fliedersträucher, weiße Taubnessel, Hopfen, Stechpalmen, Mahonien, aus dem Leim gegangener Kirschlorbeer. Ungeliebte Pflanzen, die es sich überall dort gemütlich machen, wo der Gärtner lahmt.

Das grüne Gewölle bietet sich an, darin auch andere Problemfälle zu verstecken: Das kitschige Vogelbad aus rotem Ton hat schon einen Sprung, war aber ein Geschenk der Schwiegermutter. Der gusseiserne Pumpenschwengel vom Flohmarkt hat uns mal begeistert, zum Bau eines dazu passenden Brunnens kam es aber irgendwie nie. Der Stapel Gehweg-Platten, inzwischen gnädig verdeckt von einem Brennnessel-Dickicht, sollte mal ein Weg durch den Gemüsegarten werden, bis wir uns eines Besseren besannen.

Oft dient der Stiefgarten auch als Strafkolonie für Pflanzen, die sich im gepflegten Gartenteil nicht gut benommen haben: Da wurde die Pfingstrose, die noch nie geblüht hat, eingebuddelt. Die auf Mehltau abonnierten Astern in der falschen Farbe. Das mickernde Pfirsichbäumchen mit seiner ewigen Kräuselkrankheit. Es versteht sich fast von selbst, dass die ausgemusterten Pflanzen ihre allerletzte Chance im Stiefgarten mit seinen schlechten Licht- und Bodenverhältnissen unter den scheelen Blicken der Gärtnerin kaum nutzen werden, sondern nur undekorativ dahinsiechen.

Manchmal geschehen jedoch auch im Stiefgarten Zeichen und Wunder. Ich musste vor ein paar Jahren meinen Komposthaufen versetzen, weil sein Anblick einen Nachbarn störte. Wohin damit? Na, in den Stiefgarten im hintersten Gartenwinkel. Seither wachsen dort Teppiche von Minze und Vergissmeinnicht, mannshohe Fingerhut-Kandelaber, Kolonien von Ringelblumen und Schlafmohn. Jedes Jahr eine neue Überraschung – alles wohlgenährt aus dem Kompost geschwemmt.

14. Horror vacui

»Die Natur duldet keinen freien Raum« stellte Aristoteles schon vor über 2000 Jahren in seinen Schriften zur Physik fest. Niemand weiß besser als wir Gärtner, wie wahr das ist. Kaum ist man mal ein paar Tage weg, schon hat sich die vordem makellos saubere braune Erde in einen wüsten Laubhaufen oder eine grüne Gemischtwaren-Plantage verwandelt.

Die These vom Horror vacui besagt, dass die Natur überall um Auffüllung aller leeren Räume bemüht sei und Gase oder Flüssigkeiten ansauge, um die schreckliche Leere zu füllen. Hier allerdings irrte Aristoteles; jeder Gärtner kann das bezeugen: Leider handelt es sich nämlich nicht um unsichtbares Füllmaterial, das sich im freien Raum der Natur zwischen den Prachtstauden oder Tomatenstöcken breitmacht, sondern um Quecken, Hahnenfuß, Ackerwinden oder was sonst noch an Unersprießlichem in der Erde lauert.

Deshalb lernt jeder Garten-Azubi schnell

durch Lektüre oder Ratschläge erfahrener Gärtner, dass er mulchen muss, um der eilfertigen Natur im Verdrängungsprozess der schön geharkten Leere zuvorzukommen. Seit chemische Unkraut-Killer so verpönt sind wie Rauchen, treibt der Markt für Mulch-Materialien ähnlich geschmäcklerische Blüten wie der Handel mit Haustierfutter. Längst wird nicht einfach Rasenschnitt oder Stroh auf die Beete gepackt – der wahre Pflanzenliebhaber kann jetzt zwischen gehäckseltem Lein und Hanf wählen, zwischen duftenden Kakaobohnen-Schalen, Lava-Streuseln und noch viel mehr. Freilich will auch das neue Mantra mulchen gelernt sein, sonst hat man zwar weniger Unkraut, aber umso mehr Schnecken. Oder, wie z. B. bei üppiger Anwendung von Rindenmulch, einen übersäuerten Boden.

Um der Natur die Angst vor der Leere zu nehmen, werden auch gern Bodendecker empfohlen - jene niedrigen, anspruchslosen Pflanzen, die ganz von selbst einen hübschen dichten Teppich ergeben. Das klingt fast zu schön um wahr zu sein, oder? Es stimmt, dass Immergrün und Walderdbeeren sich flott ausbreiten, nett blühen – ja sogar dem Giersch Einhalt gebieten sollen. Das haben sie bei mir nicht richtig geschafft, aber dafür in kürzester Zeit die wunderschöne lila Aubretia und die Polsterglockenblumen niedergewalzt.

Der Begriff Horror vacui wird übrigens auch in der Kunst verwendet und bezeichnet dort Bilder oder Reliefs, die bis zum letzten Winkel mit Ornamenten ausgefüllt sind.

Das mag ein weiterer Grund sein, dass Gärtner (im Gegensatz zu Physikern) bis heute unverdrossen der aristotelischen Theorie vom Grauen der Natur vor der Lücke anhängen: Es gibt fast keinen Neu-Gärtner, der in den ersten Jahren nicht zu dicht pflanzt. Entweder aus Mangel an Selbstvertrauen oder aus zu viel davon. Der Fatalist fürchtet, dass bei ihm sowieso jede zweite Pflanze eingeht. Der Überhebliche hält sich nicht an empfohlene Pflanzabstände, weil er sofort Hülle und Fülle will und denkt, das kriegt er schon hin. Aber nach zehn, fünfzehn Jahren sitzt der Horror-vacui-Bekämpfer im Schatten einer grünen Hölle oder ist unfreiwillig vom Gärtner zum Holzfäller geworden.

Ausnahmen bestätigen die Regel: Kürzlich beobachtete ich in einem Nachbargarten ein beeindruckendes Schauspiel. Der neue Besitzer hatte das jahrelang brach liegende Grundstück im Sommer planieren und mit Rasen einsäen lassen. Im

September begann er zu pflanzen. Bewaffnet mit einer Richtschnur und einem Zollstock setzte er ringsum Tulpen. Alle Meter exakt eine. Und sonst nichts. Bin schon gespannt auf den Frühling und den kurz aufblühenden Staketenzaun! Dann vielleicht doch lieber grüne Hölle.

15. Lazy Gardening

Wenn sich der Sommer dem Ende zuneigt, geht regelmäßig auch meiner Lust an der Gartenarbeit etwas die Puste aus. Ich freu mich klammheimlich auf den ersten Frost, der dem ewigen Schnippeln, Jäten, Mähen und dem krummen Rücken mal für ein paar Monate ein Ende macht. Da kommt mir der neuste Gartentrend gerade recht: Lazy Gardening. Plötzlich wimmelt es in Buchhandlungen, Zeitschriften und Blogs von Veröffentlichungen, die bebildert sind mit schläfrigen Menschen in Liegestühlen: »Gärtnern für intelligente Faule«. »Easy Gardening« »Gartenarbeit ade!« »Gärtnern in der Hängematte«.

Losgetreten hat diese Lawine Remo Vetter vor einigen Jahren mit seinem Buch *The Lazy Gardener*. Der Schweizer Kultautor erzählt, ihm genügten täglich 15 Minuten mit der Pendelhacke, um sämtliche Beete seines 600 Quadratmeter-Gartens zu lockern – was gleichzeitig Unkraut im Keim erstickt und Bewässerung spart. Hört sich gut an, erinnert mich aber auch an diese Superhausfrauen:

»Die Prinzregententorte? Hab ich heute Morgen schnell vor dem Frühstück gebacken!«

Überhaupt tu ich mich schwer mit den Patentrezepten der bekennenden Gartenfaulenzer. »Verzichten Sie auf Hecken, die regelmäßig geschnitten werden müssen.« Das sagt sich so leicht. Natürlich haben frei wachsende Hecken aus Wildrosen, Holunder, Flieder, Schneeball und Jasmin großen Charme, wenn man mit dem Platz nicht geizen muss. In einem kleineren Garten ist bei einer solchen Pflanzung schon nach wenigen Jahren nur noch ein schmaler Streifen in der Mitte frei und der liegt dann ganztags im Schatten der so pflegeleichten, doppelt mannshohen Naturhecken. Wer jetzt verzweifelt zu kräftigen Schneidwerkzeugen greift, hat nur noch unansehnliches Gehölz übrig, das in den nächsten Jahren kaum blüht, bis das explosive Wachstum erneut einsetzt. Weswegen die oberschlauen Lazy-Gärtner auch noch andere Ratschläge parat haben, um ihren braunen Bauch in der Hängematte vor den anzüglichen Blicken der fleißigen Nachbarsgartler zu schützen: Bretterwände oder Gabionen. Brauchen wenig Platz, müssen weder gewässert noch beschnitten werden. Eine Lösung für Gärtner, die sich wahrscheinlich auch in einem Gefängnishof wohlfühlen. Da schneide ich doch lieber fluchend meine schmalen, immergrünen Hecken …

Das andere große Credo der Lazy Gardener heißt Wiese statt Rasen.

Ja, das klingt verführerisch. Auch ich habe mal einen Sommer lang eine Wildblumenwiese ausprobiert. Bis Frühsommer kein Problem. Dann freilich kann man auch bei 30 Grad im Schatten nur noch mit langen Hosen und Gummistiefeln durchgehen, weil zwischen den anmutig wogenden hohen Gräsern ja nicht nur Margeriten und Klee und Ackerwicken blühen (die ersehnten Mohnblumen freilich nicht, weil die gepflügten Boden schätzen), sondern auch Brennnesseln und Disteln. Romantische Streuobstwiesen sind im Sommer ein Dorado für Ameisen und Wespen, die sich übers Fallobst hermachen, fürs Lustwandeln also ungeeignet; nur zu empfehlen für Leute, die noch einen zivilisierteren Gartenteil besitzen. Und auch der ehrliche Lazy Gardener gibt zu: Ende Juni sollte das mittlerweile verdorrte oder vom Platzregen plattgemachte Wiesenstück dann doch einmal gemäht werden, falls man keine gezielte Versteppung vorhat. Ein normaler Rasenmäher schafft das jetzt nicht mehr – ein Sensenmann muss her oder ein Profi-Gerät. Und für den Rest des Sommers hat man dann ein pieksendes Stoppelfeld.

Das ultimative Gärtnern für Faule habe ich nicht in einem Gartenbuch entdeckt. Sondern in einer Flash-Anzeige, die mir am Computer seit einigen Tagen immer wieder entgegenblinkt. »Echte Männer mähen nicht!«, steht da. Lassen die das ihre Frauen machen? Oder unechte Männer? Wo kriegt man die her? Ich bin interessiert. Ich lese weiter. Und sehe, dass es sich um Werbung der Firma »kunstrasen.de« handelt. Die haben noch zigtausend Meter auf Lager, wahlweise auch in Schwarz oder Grau.

16. Frauenquote im grünen Bereich

In Sachen Frauenquote sieht es in Deutschlands Chefetagen noch trüb aus: Trotz politischen Drucks haben nicht mal zehn Prozent der Dax-Unternehmen weibliche Vorstände. Da geht es im Garten schon seit Jahrhunderten viel gleichberechtigter zu. Auch ein wirklich guter Garten muss ja gemanagt werden wie ein Betrieb: Pflanzpläne sind zu erstellen, Kosten zu kalkulieren, Arbeiten zu delegieren. Viele weltberühmte Gärten waren und sind das erfolgreiche Unternehmen einer Frau. Von den hängenden Gärten der Semiramis bis zu Vita Sackville-West in Sissinghurst hatten Frauen das Sagen über Regimenter von Rittersporn und Gladiolen, die Anschaffung von Tulpen- und Lilienzwiebeln, über Seerosen-Becken und zauberhafte Dornröschen-Hecken. Und wer sich heute in Gartengesellschaften oder auf Gartenreisen umsieht, trifft dort auf eine Frauenquote von über 70 Prozent. Doch anders als ihre berühmten Vorbilder kann sich die begabte Gartlerin von heute meist keinen Trupp von Hilfsgärtnern mehr leisten. Sie muss sich mit dem Mann an ihrer Seite begnügen. Dieser Paarlauf im Garten ist voller Tücken. Denn statt Lohn verlangt der Co-Gärtner Mitsprache und erledigt nur selbstgewählte Arbeiten zufriedenstellend.

Ohne jedes Zutun des Gesetzgebers sind die Aufgaben im Garten bei den meisten Paaren klar verteilt: Sie sät und jätet und kennt jedes Kräutlein beim Namen. Er rodet, rödelt, hackt und gräbt und sägt und flucht. Sie ist fürs Unkraut und fürs Geblümte zuständig, er für die großen strukturellen Maßnahmen. Diese lassen sich natürlich nur mit einem entsprechenden Maschinenpark bewältigen, selbst wenn man bloß einen Kleingarten besitzt. In jedem Gartencenter ist zu beobachten, wie sich schon am Eingang die Wege der gartelnden Paare teilen: Sie strebt der blühenden Abteilung zu, er dem Souterrain voller Motor und Technik und anderen Männern.

Männer sind nicht gut zu gebrauchen zum Pikieren von winzigen Sämlingen oder zum Verziehen von fusseligen Mohrrüben. Dafür seien ihre Finger zu grob, erklären sie. Reine Schutzbehauptung – extreme Friemel-Berufe wie Uhrmacher oder Zahntechniker sind schließlich vorwiegend Männersache. Allerdings muss man da nicht stundenlang mit krummem Rücken in der Sonne knien.

Die meisten Männer hätten ohnehin lieber nichts als Rasen im Garten. Weil sich über einen Aufsitz-Rasenmäher, über dessen PS-Zahl und Geländegängigkeit mit dem Nachbarn mindestens so gut fachsimpeln lässt wie über den neuen Tesla. Dem Männerspielzeug par excellence macht neuerdings der Mäh-Roboter den Rang streitig. Frauen haben selten Lust, diesen ganzen Begrenzungskabel-Salat für den nützlichen Idioten einzugraben und sind immer in Sorge, der Zauberlehrling könnte Mist bauen. Männer hingegen fühlen sich wahrscheinlich so viril wie der Raubtierdompteur im Zirkus, wenn sie dem schnurrenden Teil befehlen können, wo's langgeht. Männer lieben Rasen nicht zuletzt, weil er ihnen das lästige Auseinanderhalten von Unkraut und Pflanzen erspart: Ist das Schnittlauch oder kann das weg? Mein Vater hat meine Mutter einmal dem Tod nahe gebracht, als sie ihn bat, ein Bund Borretsch aus dem Garten zu holen und für ihren geliebten Gurkensalat zu hacken. Er nahm versehentlich Fingerhutblätter.

Auch die Anlage eines Teiches gehört zu den grobschlächtigen Arbeiten, die Männerherzen höher schlagen und Frauen weinen lassen. Ich habe in meinem Freundeskreis mehrere solche Projekte verfolgen können: Das Staudenbeet wich für den versprochenen Schwimmteich einer riesigen Baugrube voller Lehm und Plastikfolie, die entweder nie dicht zu kriegen war oder ewig wie eine Sickergrube aussah und roch.

Außer Rasen und Gruben lieben Männer vor allem Bäume. Weil man so herrlich an ihnen herumsäbeln kann. Durch unsachgemäßen Schnitt hat bei uns schon so mancher Baum das Zeitliche gesegnet. Der Mann frohlockt: Jetzt kann er endlich so richtig zeigen, was in ihm steckt: Er kann einen Baum fällen, ganz allein, mit einer riesengroßen Axt!

17. Gartenarbeit und Gossensches Gesetz

Macht Gartenarbeit glücklich? Ja, unbedingt. Aber leider nicht immer.

Neulich las ich von einem afghanischen Sprichwort, das den Gärtner ermahnt, die Liebe nicht im Garten zu suchen. Dort wachse nur die Arbeit. Von diesem Realismus sind deutsche Gartenbücher so meilenweit entfernt wie die einschlägigen Zeitschriften, die alle so ähnlich wie Gartenlust und Garten Eden und Freude am Garten heißen. Es gibt Zeiten, da halte ich diese Blätter für verlogen und liebäugle mit der Idee, mal ein ehrliches Magazin namens Gartenfrust zu gründen. Denn Gärten sind manchmal auch hinterlistig.

Man kann seine Wohnung wochenlang verlassen und sie empfängt den Rückkehrer genauso schön aufgeräumt, wie er sie verlassen hat. Gut, ein bisschen Staub wischen muss sein – aber es ist nicht so, dass man fassungslos feststellen muss, dass sich die Schrankwand verdoppelt hat oder der Teppichflor meterhoch gewachsen ist, während sich das Sofa auf Nimmerwiedersehen verabschiedet hat. Genau solche Streiche aber hat ein unbeaufsichtigter Garten drauf: Der Rosenbogen ist von Zaunwinden umwickelt; das geliebte Schleierkraut ist verschwunden, wahrscheinlich im Magen von Schnecken. Im Rasen wächst kein Gras mehr, sondern nur noch Löwenzahn, Moos und Klee. im Staudenbeet hat eine feindliche Übernahme durch Topinambur oder Beinwell stattgefunden. Letztere mögen noch so ›öko‹ sein – der Gartenfrau treibt es die Tränen in die Augen.

Man muss übrigens gar nicht verreisen, um ein Gartenfiasko zu erleben. Es genügt schon, vorübergehend bei der Gartenarbeit zu streiken. Mal ein paar Sommerwochen lang lieber baden zu gehen oder Tennis zu spielen.

Jeder Gartler weiß es: Die Lust an der Gartenarbeit ist im Frühling am höchsten. Das liegt an der winterlichen Zwangspause – aber auch daran, dass die gemeinsten Unkräuter und Schädlinge noch unsichtbar unter der Erdoberfläche schlummern. Bis Mai ruft der Garten noch nicht ständig nach Sisyphos-Arbeiten wie Wässern, Rasenmähen, Fugenkratzen, Heckenstutzen. Die Gartenfrau kann ihre Tage mit dem lustvollen Komponieren von Pflanzenbildern, dem Verstreuen von Saatkörnchen und dem Einpflanzen junger Stauden verbringen. Im Unkraut-Monat Juni, wenn unerwünschtes Zeug aus allen Beeten und Ritzen sprießt, mischt sich die Gartenlust dann schon mit Flüchen und im Juli mit Schweiß in Strömen.

Spätestens Ende August sinkt die Lust an der Gartenarbeit bedrohlich ab. Während die Ausreden blühen: Es ist zu heiß. Es ist zu nass. Es ist zu windig. Der Pollenflug ist zu hoch. Ich kann den Lavendel jetzt nicht herunterschneiden, weil darin Hundertschaften von Hummeln summen. Ich müsste dringend gießen, aber rede mir lieber Regenwolken am Horizont ein. Wir haben Logiergäste. Der Spatenstiel ist abgebrochen und die Grabgabel verschwunden. Ich würde ja gern dem Giersch-Nest zwischen den Pfingstrosen zu Leibe gehen, aber ich erwarte ein wichtiges Einschreiben. Die blauen Trauben und die Rosen haben Mehltau – na, jetzt lohnt sich das Spritzen wahrscheinlich sowieso nicht mehr.

Es hat mich sehr getröstet zu erfahren, dass Faulheit und Aufschieberitis im Garten nicht einfach ein unschöner Charakterzug sind. Sondern dass sich der periodisch wiederkehrende Frust durch eine wissenschaftliche Erkenntnis adeln lässt: »Abnehmender Grenznutzen« bezeichnet in der Ökonomie die vertraute Tatsache, dass die erste Bratwurst himmlisch schmeckt, die zweite gut, die dritte mäßig und dann ist man sowas von satt … aus Hochgenuss wird schleichend Überdruss. Für das Gleichnis mit der Bratwurst kann man hier ebenso gut Gartenarbeit einsetzen. Das Ergebnis ist das Gleiche: Der Grenznutzen entscheidet nachweislich über Lebenszufriedenheit und Glück. Wir Gartler brauchen dazu nicht die mathematischen Kurven und Formeln des Gossenschen Gesetzes. Wir spüren es am Ende des Sommers einfach im Kreuz.

Mir kommt dann immer das berühmte Herbstgedicht von Rilke in den Sinn, in dem der atheistische Dichter dem lieben Gott Regie-Anweisungen gibt:

»Herr: es ist Zeit. Der Sommer war sehr groß.
Leg deinen Schatten auf die Sonnenuhren,
und auf den Fluren lass die Winde los.«

Genau. Dann brauchen wir wenigstens das Laub nicht mehr zu rechen.

18. Mein Garten für Kurzsichtige

Für Menschen, die es nicht gebacken kriegen, bei sich zuhause aufzuräumen und auszumisten, gibt es heutzutage Dutzende von Ratgeber-Büchern. Betrüblicherweise taugen sie keinen Pfifferling für Messie-Probleme im Garten.

Sie werden bei mir keine ungemachten Betten finden und keine verschimmelten Lebensmittel im Kühlschrank. Aber leider manchmal ungemachte Beete und verlauste Puffbohnen.

An den oft empfohlenen To-do-Listen hat es mir nie gefehlt. Ich schreibe sie sogar ausgesprochen gern. Besonders im Winter, wenn die Temperaturen die Umsetzung der guten Vorsätze sowieso noch wochenlang verhindern. Im Frühling gibt's dann kein Entrinnen mehr: Ich fange also willig an. Und scheitere regelmäßig auf halber Strecke. Woran liegt das? Die Antwort steht in Bertolt Brechts Lied von der Unzulänglichkeit menschlichen Planens: »Ja, mach nur einen Plan … und mach dann noch 'nen zweiten Plan / Gehn tun sie beide nicht.«

Geplant war heute Rasenmähen. Der Wetterbericht hatte kein Wort davon gesagt, dass mittags ein schwerer Platzregen niedergeht, kaum dass ich zwei Bahnen gemäht habe. Also fluchtartig zurück ins Haus, um ganz ungeplant Staub zu saugen. Der Garten muss warten. Bedauerlich nur, dass ich bei meinem Spurt ins Trockene die Kantenschere und die offene Tüte mit dem Dünger vergessen habe.

Im Haus kommt es auch nicht vor, dass man seine Arbeit unterbrechen muss, um selber flügelschlagend die Tauben zu verscheuchen, die sich dreist über die soeben gelegten Erbsenkörner hermachen. Oder um die Katzen zurück über den Zaun zu jagen, weil die sich ungeniert ein Klo graben in der lockeren Erde mit dem frischgesäten Kerbel. Eigentlich wollte ich ja heute Tomaten pflanzen, aber jetzt muss erst am anderen Ende des Gartens Reisig gesucht werden für eine Saat-Räuber-Verhinderungskonstruktion. Dabei fällt mir ein, dass auch ein Netz über die Erdbeeren gespannt werden muss, falls nicht nur die Vögel satt werden sollen. Wenn das endlich geschafft ist, weiß man leider nicht mehr, wo das Pflanzschäufelchen geblieben ist und wo die Bindfadenrolle, und inzwischen ist es dunkel. Mit Unlust hat es also nichts zu tun, dass heute zum dritten Mal weder die Tomaten in die Erde kamen noch das Wasserbecken gereinigt wurde. Sondern eher mit dem Kleingärtner-Axiom, wonach ein Garten nie fertig wird und die Gartenarbeit nie endet.

Ein weiterer Prokrastinationsfaktor, an dem die Gartenfrau ganz unschuldig ist: Kein Mensch muss seinen Frühjahrsputz in der Wohnung unterbrechen, um unangemeldete Gäste zu empfangen. Es genügt ja, das Klingeln zu ignorieren und die Tür nicht zu öffnen. Gartenpforten sind aber meistens unverschlossen. Besonders bei idealem Gartenarbeitswetter stehen Karl und Lisa oder die Nachbarin einfach vor dir, während du mit hochrotem Kopf und ungewaschenen Haaren den Kompost umschichtest. Sie haben Kuchen mitgebracht und du kochst doch jetzt bestimmt gern einen Kaffee dazu! Oder sie haben Pflänzchen dabei, die du aber bitte sofort, vor ihren Augen, eingraben musst.

Gute Gartler wissen, dass man »sofort« fast gar nix eingraben kann, wenn es gedeihen soll: Erst mal muss die Pflanzstelle gejätet, gelockert, mit Kompost versorgt werden. Und das dauert länger als Kaffeekochen.

Ich kann guten Gewissens behaupten, dass Sie

bei mir daheim keine löchrigen Handtücher oder angeschlagenes Geschirr finden werden. Da bin ich nämlich fix und konsequent beim Entsorgen. Im Garten leider nicht. Da steht ein sklerotischer Aprikosenbaum, der nie trägt. Doch ich glaube wider besseres Wissen an die Selbstheilungskräfte der Natur. Um mich endlich zu trennen von der weißen »Casablanca«, die regelmäßig von den Lilienhähnchen in ein ekelhaftes Gewächs verwandelt wurde, brauchte ich Jahre. Vom Giersch wiederum möchte ich mich seit Jahrzehnten trennen, doch er widersetzt sich allen erdenklichen Misshandlungen.

Bei selektiver Wahrnehmung habe ich trotzdem einen bildschönen Garten – für Kurzsichtige.

19. Die Pflanzenklappe

Was tun, wenn sich der Säulenkaktus oder die Yucca der Zimmerdecke nähert? Wenn der Philodendron die Ausmaße einer Sofagarnitur erreicht hat? Wer einerseits Zimmerpflanzen mag, ist andererseits selten kaltblütig genug, um den Kaktus einfach abzusäbeln oder den Philo zu amputieren. (Obwohl ich mich selber regelmäßig und erfolgreich als Hobby-Chirurgin an meiner 30-jährigen Yucca betätige, sobald sie mir über den Kopf zu wachsen droht.) Eine findige Freundin pflegt zu ausladend gewordene Topfpflanzen diskret im Foyer eines Krankenhauses oder Altenheims abzustellen – und ist noch nie dabei erwischt worden. Das ist artgerechter, als den langen Lulatsch einfach im Park oder im Treppenhaus auszusetzen, wo der Pflanzengreis zum Aschenbecher degradiert wird.

Nun ist es nicht immer monströses Wachstum, was den Zimmergärtner überlegen lässt, wie er seine einst gehätschelten Lieblinge vornehm wieder los wird. Ob Gießfehler, falsche Belichtung oder zu spät bemerkte Schildlaus-Invasion, manche Topfpflanzen mutieren zum lebenden Vorwurf. Auch ein ewiges Siechtum der Birkenfeige oder der Umzug in eine kleinere Wohnung führen zu Trennungsgelüsten. Wer einen Garten hat, kann seine Ungeliebten auf dem Kompost entsorgen und sich einreden, das sei Kreislauf der Natur. Wer keinen Garten hat, schleicht nachts zur Mülltonne. Und dann werden flugs wieder neue Pflanzen gekauft. Nachhaltig geht anders. Nachhaltig geht's mit botanoadopt.org

Die etwas andere Pflanzenbörse wurde 2009 vom Frankfurter Künstlerduo 431art ins Leben gerufen. Es genügt, ein Foto vom Problem-Blumentopf auf die website zu schicken, Haike Rausch und Torsten Grosch kümmern sich mit grünen Daumen und viel Witz um eine Vermittlung. Wie etwa für »Oli aus Berlin«, einen rosa blühenden Oleander: »Er hat die Gentrifizierung Berlins live miterlebt. Kürzlich erst wurde ihm bei einem seiner Streifzüge durch den Kiez statt einfachem Wasser wieder ein Latte Macchiato mit Sojamilch angeboten. Nichtsdestotrotz lungert er so lange wie möglich in der Sonne; wahlweise gerne auf Balkonien ... Er ist ca. 1,5 x 1,5 Meter hoch und breit. Sie möchten ›Oli aus Berlin‹

adoptieren?« Mausklick genügt. Auch bei »Clara Arabiata«, einem Gummibaum mit traurigem Schicksal: »Einst wurde sie aus dem Pausenraum einer privaten Schule für berufliche Weiterbildung gerettet und lebt seit nunmehr 14 Jahren in Maintal (PLZ 6). Da sie mittlerweile ins Treppenhaus umziehen musste und sich etwas abgeschoben fühlt, sucht sie ein neues Heim …«

Für verschämte Zimmergärtner ohne Fortüne und Computerkenntnisse betreibt botanoadopt auch eine Pflanzenklappe (z. B. in Frankfurt und im Gießkannenmuseum in Gießen) für verwahrloste grüne Findelkinder. Die werden im Atelier des Künstlerduos wieder aufgepäppelt, getauft, fotografiert und mit einem launigen Lebenslauf versehen ebenfalls in Netz gestellt.

Inzwischen hat botanoadopt Hunderte von Pflanzen kostenlos vermittelt – bezahlt wird ausschließlich »mit der Währung Verantwortung«. Deshalb verlangt der Adoptionsvertrag »share & care« zweimal im Jahr ein Foto vom Gedeihen der Pflanze. Da sieht man, wie wohl sich eine runtergerockte Euphorbia tirucalli, wegen ihrer graphischen Schönheit auch Bleistiftbaum genannt, jetzt zwischen den 100 000 Zeichnungen im Frankfurter Städel Museum fühlt. Ein kümmerlicher

Geldbaum (Crassula ovata) machte noch rasanter Karriere, dank der Künstler mit dem grünen Herzen: Sie hatten ihn kurz nach der Finanzkrise »Lehman« getauft und ihm angedichtet, dass er sich als jüngster Sohn der berüchtigten Lehman Brothers für gesundes Wachstum einsetze. Woraufhin ihn eine Frankfurter Großbank gerührt als Maskottchen adoptierte. Geldbaum »Lehman« schaffte es im Januar 2010 sogar auf die Titelseite der deutschen *Financial Times*. Doch während die DFT schon 2012 einging, wächst »Lehman« bei seinen Adoptiveltern weiterhin prächtig.

20. Blumen auf dem Teller, Gemüse in der Vase

Kennen Sie Chrysanthemen-Risotto? Haben Sie schon mal Dahlien-Salat gegessen? Foodies haben Blumen neuerdings zum Fressen gern.

Es begann mit Rosenmarmelade, Löwenzahngelee, kandierten Veilchen und dem englischen Klassikerdrink Pimm's No.1, nur stilecht, wenn darin knallblaue Borretschblüten schwimmen. Dann kamen, Souvenir vom Italienurlaub, die ausgebackenen Zucchiniblüten. Heute traut sich kein ambitionierter Gastgeber noch einen grünen Salat aufzutischen, ohne ihn mit Blüten von der Kapuzinerkresse aufzuhübschen. Das betörendste Blumenrezept kocht meine beste Gartenfreundin: Schwarze Spaghetti mit Olivenöl überglänzt und bestreut mit Hornveilchen, Rosenblättern, Scharbockskraut, Gänseblümchen und was ihr Garten grad so hergibt.

Es gibt allerdings Gäste, die sich weigern, in so ein allerliebstes Stiefmütterchen oder die Schnute eines Löwenmäulchens zu beißen und es pietätvoll an den Tellerrand legen. Mit Ringelblumen ist es einfacher, zartbesaitete Menschen zu Florivoren zu machen: Die ausgezupften Blütenblätter sehen aus wie Karottenschnipsel – und werden übrigens schon seit hundert Jahren als »Safran für Arme« (auch getrocknet) zum aromatischen Färben von Paella oder Risotto verwendet.

Einschlägige Blogs verzeichnen zwischen fünfzig und hundert essbare Blüten für den Hausgebrauch. Und für die Gartenfrau, die sich noch nicht traut, werden außer Rezeptbüchern auch Blütenkochkurse angeboten.

Schlaue Gemüsebauern produzieren inzwischen statt schnöder Kohlköpfe ganze Gewächshäuser voll mit essbaren Blüten. Hauptabnehmer ist die Gastronomie, aber Hobbyköche ohne Garten können Kapuzinerkresse, Gänseblümchen und Kornblumen für die geblümte Kräuterbutter mittlerweile schon im Supermarkt kaufen.

Allzu experimentierfreudig sollten Hobbyköche ohne Gartenkenntnisse allerdings nicht vorgehen. Auch Kartoffeln treiben ja sehr hübsche Blüten, doch gehören sie (wie Fingerhut, Maiglöckchen, Goldregen, Eisenhut u. a.) kulinarisch zu den Blumen des Bösen. Sie sind giftig. Als

Friedrich der Große die Preußen mit fünfzehn »Kartoffelbefehlen« und zu »Knollenpredigern« bestellten Pastoren seine Untertanen zum Anbau des neuen Volksnahrungsmittels verdonnerte, sträubten sich die Bauern anfangs, weil sie Bauchweh davon bekamen. Bis der König aufklärte: »Die Wurzeln sollt ihr fressen, nicht die Früchte!«

Parallel zum Kochen mit Blumen huldigen Gartler, Floristen, kultige Restaurantbesitzer auch einem umgekehrten Trend und stellen statt Rosen, Tulpen, Nelken neuerdings Gemüse in die Vase. Eine ausgesprochen nachhaltige Mode, da es sich bei den unvertrauten Blumen aus dem Gemüsegarten fast immer um Ungenießbares handelt, das bis gestern als Ausschuss galt. Rhabarber treibt mannshohe Blütendolden – unerwünscht, wenn man eine reiche Ernte will, aber imposant in der Bodenvase. Artischocken, deren Knospen nicht als Delikatesse auf dem Teller gelandet sind, werden strohig – wachsen aber zu strahlend blauen Blumen heran. In Saat schießende Petersilie oder Dill verlieren an Aroma, liefern aber apartes, feingliedriges Bindegrün zu Rosen. Wenn man Zwiebeln oder Porree nicht rechtzeitig erntet, werden sie holzig- und treiben dafür wunderschöne, haltbare Kugelblüten. Die Schweizer Post hat sogar eine Briefmarken-Serie aufgelegt, deren Fotos von Gemüseblüten auf den ersten Blick an Lilien oder Schmucklauch erinnern.

Viele vertraute Gemüse, die den Winter über im Boden vergessen wurden, warten im nächsten Frühjahr mit einer blühenden Überraschung auf: Mohrrüben treiben duftige weiße Schirmblüten, Pastinaken gelbe Büschelblumen. Der Radicchio bildet, wenn seine Salat-Tage vorbei sind, verblüffende himmelblaue Blüten aus. Der Grünkohl schmückt sich mit einer Wolke blassgelber Blümchen. Das alles hatten die meisten Gartenliebhaber einfach vergessen. Den heute so beliebten »Bauerngarten« mit seinen Prachtstauden habe es früher so nie gegeben, erklärte mir neulich ein Garten-Historiker. »Die wahre Blume des Bauerngartens war das blühende Gemüse – schließlich brauchte man ja neue Saat.«

21. Das Jahreswesen

Politiker, Lehrer, Leitartikler klagen gern über die wachsende Unlust der Deutschen am Urnengang. Seit der Jahrtausendwende habe bei Kommunalwahlen oft nicht mal die Hälfte der Wahlberechtigten Lust zum Ankreuzen. Das ist aber nur die halbe Wahrheit über die Wahlmüdigkeit. Denn andererseits wird mit Inbrunst abgestimmt über das Tor des Jahres, Auto des Jahres, Unwort des Jahres. Gewählt wird der Bahnhof und das Taxi des Jahres, der Sportler, das Playmate und der Landwirt des Jahres.

Als Gartenfrau lässt mich die Abstimmung über den Discounter des Jahres kalt und auch bei der Frage nach dem Broker des Jahres müsste ich passen.

Faszinierend finde ich dagegen immer wieder die Wahlen der 30 »Jahreswesen«, deren Ergebnisse der Naturschutzbund Deutschland (NABU) veröffentlicht. Der Name »Jahreswesen« kam mir zunächst etwas engelhaft-esoterisch vor, ist aber eher eine Verlegenheitslösung: Weil es dabei nicht nur um bedrohte oder unterschätzte Pflanzen und Tiere geht. Sondern auch um besonders aparte Mikroben und Einzeller. In die engere Wahl kommen Algen ebenso wie gefährdete Nutztierrassen, regionale Streuobstsorten, Waldgebiete, Flusslandschaften und sogar Böden. Schon mal vom Pseudogley gehört? Musste ich auch erst googeln. Auf vertrauterem Gartenboden finde ich mich bei den Stauden, Schmetterlingen, Vögeln und Wiesenblumen.

So richtig basisdemokratisch werden allerdings weder Baum noch Fisch des Jahres gewählt; vielmehr werden alle Jahreswesen von sachkundigen Kuratorien gekürt. Die Blume des Jahres z. B. ermittelt schon seit 1980 die Loki-Schmidt-Stiftung. Zur Bekanntmachung ihrer Wahl – mal Schlüsselblume, mal der Langblättrige Ehrenpreis – bietet die Stiftung auch Kalender, Postkarten und Samentütchen des Siegers an.

Man kann wirklich viel lernen in der Liste der Jahreswesen, denn viele werden von Gremien ausgewählt, zu deren Verständnis man am besten ein Fremdwörterlexikon parat hat. Die Malakozoologen wählen das rare Weichtier, also meist aparte Schnecken, die ich gottlob nicht auch noch neben den gewöhnlichen im Garten habe. Die Odonatologen sind die Wahlmänner und Frauen für die Libelle des Jahres. Die Deutsche Gesellschaft für Herpetologie kürt den Lurch, die Phykologen sind die Algenkundler. Die Arachnologische Gesellschaft ist zuständig für bedrohte Spinnen und präsentiert Tierchen mit poetischen Namen wie die Vierfleck-Zartspinne. Andererseits kann man in den Annalen der NABU-Jahreswesen nebenbei sein Schimpfwörter-Vokabular wissenschaftlich erweitern: Fettspinne! Armleuchter-Alge! Gemeine Skorpionsfliege! (Letztere sind übrigens zu beneiden für ihr unerhört aufregendes Sex-Leben.)

Mir scheint, dass die Fachleute mit den Zungenbrecher-Namen nach langem Grübeln oft ein Jahreswesen küren, das nicht nur auf der Roten Liste der gefährdeten Arten steht, sondern auch klitzeklein oder unscheinbar wie Aschenputtel daherkommt. Die Bryologisch-lichenologische Arbeitsgemeinschaft entschied sich zum Beispiel für die Fransen-Nabelflechte. Die Entomologen hoben ein Insekt mit dem fröhlichen Namen Dunkelbrauner Kugelspringer aufs Schild; er ist zwar nur vier Millimeter groß, aber ein unermüdlicher Bodenverbesserer, der gern Salto schlägt und sich zu Zigtausenden in einem Quadratmeter

Walderde tummeln kann. Der Verband der Höhlen- und Karstforscher entschied sich unlängst für das Höhlenlangbein – kein steinzeitliches Playmate, sondern ein Spiderman aus der Familie der Weberknechte. Dann war der Schwarze Schnurfüßer dran, der zu den Tausendfüßlern gehört, sich aber von einem läppischen Hundertfüßler fressen lässt. Der Arbeitskreis Wildbienen-Kataster votierte zuletzt für die Gelbbindige Furchenbiene und zuvor für die Zaunrüben-Sandbiene. Dieses Tierchen ernährt sich ausschließlich von der blitzschnell wachsenden Schlingpflanze Bryonia alias Zaunrübe, die ich bislang immer fluchend aus meinen Hecken gerissen hatte – was ich jetzt bleiben lasse.

Eine Wahl würde ich allerdings gern anfechten: Die Deutsche Gesellschaft für Protozoologie erklärte zum Einzeller des Jahres 2016 das Geißeltierchen Trichomonas vaginalis. Falls das ein Witz sein soll, können Millionen Frauen, die schon mal verlegen mit einer Trichomonaden-Infektion beim Gynäkologen waren, bestimmt nicht darüber lachen. Nur gut, dass die Protozoologen sich kein Beispiel an der Loki-Schmidt-Stiftung nahmen und wenigstens darauf verzichteten, ein Probetütchen ihres Jahreswesens zu verschicken!

22. Bitte eine Schnucke!

Ob Weihnachten oder Geburtstag: Wenn Gärtner sich was wünschen dürfen, sind das leider meist Sachen, auf die liebende Mitmenschen keinen Einfluss haben: Besseres Wetter, weniger Schnecken, fettere Erde und weniger Maulwürfe.

Trotzdem werden sie nach bestem Wissen und Gewissen von ihren nicht gartelnden Freunden und Verwandten beschenkt. Sehr beliebt sind dabei Blumenkalender, mit denen ich in manchen Jahren mühelos eine Wand hätte tapezieren können. Bücher sind natürlich nie verkehrt, aber da es sich herumgesprochen hat, dass ich eine Gartenbibliotek mit über 200 Bänden habe, traut sich zum Glück kein wohlmeinender Mensch mehr so richtig, ungefragt mit dem dritten Exemplar von *Was blüht denn da?* aufzukreuzen. Über eine schöne Pflanze freut man sich immer – wenn sie echt ist. Hingegen finde ich es zwar lieb, aber auch ein bisschen irritierend, dass viele Leute glauben, man müsse einer leidenschaftlichen Gärtnerin unbedingt was Geblümtes schenken: Kissen, Topflappen, Nachthemden, Küchenhandtücher, Tischdecken, Schals, Geschirr mit Rosen, Veilchen, Nelken drauf. Obwohl mich noch nie ein Mensch in einer geblümten Bluse gesehen hat. Anwälte tragen ja auch höchst selten Krawatten, die mit Paragraphen bedruckt sind und Metzger wären nicht unbedingt begeistert von Hemden, auf denen Koteletts oder Salamischeiben prangen.

Ein Schaufensterbummel im Internet lässt mich ahnen, was dieses Jahr unterm Weihnachtsbaum auf uns Gärtnerinnen zukommt: Halsketten, Broschen und Fingerringe mit lebenden Pflanzen. Colleen Jordan, eine junge amerikanische Designerin, stellt per 3D-Drucker winzige Blumentöpfe her, in denen man Miniaturpflanzen spazieren tragen kann. Die geometrisch geformten Plastik-Pflanzgefäße werden mit Anstecknadel oder Halsband geliefert, eintopfen muss man nach Gebrauchsanweisung selber. Wer die Sechsecke und Mini-Amphoren mit Zwergpflanzen nicht im Dekolleté tragen will, kann die »wearable planter« auch als Schmuck für den Fahrradlenker ordern. Erinnert mich ein bisschen an die Auto-Blumenvasen der 50er Jahre, einst Inbegriff der Spießigkeit, die inzwischen bei ebay wieder Konjunktur haben.

Das Internet, Fundgrube für Firlefanz, ist andererseits die beste Bezugsquelle für diese gewisse Poesie, die für mich zum Gärtnern gehört: Ich werde schwach bei Zuckererbsen namens Schneeflocke und bei Bohnen, die Nonnen-Nabel, Schnurrbartbohne oder Wildschweinchen heißen. Und die man im 08/15 Sortiment der Gartencenter vergeblich sucht.

Mein schönstes Garten-Geschenk im letzten Jahr war die Saat einer Tomate mit dem seltsamen Namen Mortgage Lifter (Hypotheken-Tilger), die ich englischen Freunden verdanke. Die Geschichte dahinter ist so erbaulich wie ein Weihnachtsmärchen: Sie handelt von einem verschuldeten amerikanischen Hobbyzüchter, der in den 30er Jahren die besten Beefsteak-Tomaten kreuzte, bis er eine Pflanze hatte, die massenhaft kiloschwere Tomaten von so feinem Geschmack trug, dass er jedes Pflänzchen für einen Dollar verkaufen konnte, was damals ein unerhörter Preis für einen Sämling war. Nach sechs Sommern hatte er seine Hypothek von 6000 Dollar damit getilgt. Meine Mortgage Lifter brachten zwar nur ein knappes Pfund auf die Waage, aber die vielen rosenroten Tomaten waren in diesem Jahr mein größtes Erfolgserlebnis im Gemüsegarten. Versteht sich von selbst, dass ich mit den Samenkörnchen jetzt viele Gartenfreunde beschenke.

Was ich mir jetzt noch wünsche, wären ein, zwei Shropshire-Schafe. »Sie fressen das Unkraut und lassen die Zierpflanzen stehen«, beteuert Schäfer Karl-Heinz Freitag aus Wandlitz bei Berlin. Weswegen die Tiere mit den grünen Hufen auf Christbaum-Plantagen zum Jäten eingesetzt werden. Und seit zwei Jahren sogar im Szene-Viertel Prenzlauer Berg. Dort nehmen drei Schafdamen alle zwei Monate den Fahrstuhl in den dritten Stock zum begrünten Dach des Shopping-Centers »Schönhauser Allee Arcaden« und mümmeln dort 14 Tage lang den Wildwuchs weg. Bei mir hätten sie's viel besser: Mein Garten ist ebenerdig und das Unkraut-Menu reichhaltiger.

23. Bäume lügen nicht

Hochgewachsen und von gefälligem Äußeren« ist sie, »rasche Auffassungsgabe« besitzt sie und »Lügen und Intrigen« kann sie nicht ausstehen. Gestatten: Das bin ich. So sind sie nämlich, die Pappeln. Zu denen gehöre ich wegen meines Geburtstags am 5. August. Zumindest, wenn man ans keltische Baumhoroskop glaubt. Wer ganz fest dran glaubt, trägt ein Amulett aus dem Holz von einem der 18 Bäume, die – verteilt auf 40 Kalenderperioden – über jedermanns Geburtsdatum was zu sagen haben. Für Pappeln wie mich soll es aber genügen, ein paar Streichhölzer (aus Pappelholz, versteht sich) in der Tasche zu tragen, und die Linden können sich mit einem Löffel Lindenhonig behelfen, um Verbindung mit ihrem Schicksalsbaum zu halten.

Ich muss gestehen, dass ich bis letzte Woche noch nie von einem Baumhoroskop gehört hatte. Das wäre nicht passiert, wie ich jetzt weiß, wenn ich in Achern oder Castrop-Rauxel, in Gnutz oder Jülich lebte. Denn dort und in anderen Gemeinden, die nicht gerade von Touristen überrannt werden, fanden die Stadtväter die Idee so magisch, dass sie die Baumkreise, die dem keltischen Horoskop zugrunde liegen, leibhaftig als Besuchermagnet anpflanzten.

Das Kelten-Horoskop tauchte 1984 erstmals in Deutschland auf. Als Buch mit dem unwiderlegbaren Titel *Bäume lügen nicht.* Was man von den Autoren dieses und nachfolgender Werke leider nicht sagen kann, wie wir gleich sehen werden. Eine Boulevardzeitung legte sofort nach mit der Serie »Jeder Mensch ein Baum«. Taschenbücher machten mit dem Thema Kasse. Daraufhin entbrannte ein ebenso heftiger wie lustiger Streit um Copyright und Lizenzen. Dabei fiel dann auch gärtnerisch bewanderten Anwälten und Horoskop-Lesern auf, dass es in den vor 2000 Jahren versunkenen Siedlungen der Kelten weder Oliven, Feigen, Kastanien oder Zypressen gegeben haben konnte – diese Pflanzen kamen erst viel später nach Mitteleuropa. Umgekehrt fehlte ausgerechnet die Eibe, von der Archäologen längst nachwiesen, dass sie den Kelten heilig war als Wohnung der Götter. Die Suche nach Ursprung und Rechte-Inhabern des keltischen Horoskops wurde zum Krimi, der erst 1991 vor dem Bundesgerichtshof endete. Das angeblich in einem polnischen Kloster gefundene uralte Originalmanuskript (wobei man wissen muss, dass die Kelten berühmt schreibfaul waren) erwies sich als frischer Text aus einem polnischen Gartenkalender. Und auch der war ein Plagiat; die Spur wies jetzt nach Paris.

Dort hatte die französische Frauenzeitschrift *Marie Claire* ihre üblichen Sternzeichen-Horoskope allmählich satt und beauftragte 1971 die Filmemacherin und Journalistin Paula Delsol, sich doch mal was ganz Neues auszudenken. Die sehr belesene Autorin strickte aus ihren Kenntnissen über Mythologie und Geschichte flugs ein keltisches Baumhoroskop. (Und, wo sie schon mal dabei war, auch noch gleich ein ebenso gefaketes »arabisches« sowie ein »tibetisches« Horoskop.)

Nach dem Motto »Die Menschheit will betrogen sein« treibt das Baumhoroskop bis heute beständig neue Ableger, die man in jeder Buchhandlung oder im Internet finden kann, wenn man z.B. zu Silvester mal Spaß haben will. Lustiger als Bleigießen ist das allemal: Ich suche nach dem 17. Juli. Über Menschen im Zeichen der Ulme ist zu lesen: »Ruhig und beherrscht, doch von Natur aus immer heiter, erringt sie bei den Menschen leicht Vertrauen und bekommt auch im Beruf viel Anerkennung. Sie führt, aber gehorcht nicht gern.« Hat »einen überdurchschnittlichen Verstand« und plant ihr Leben »mit Weitblick, sowie Vernunft. Möglichkeiten wird sie immer weise ausschöpfen.« Eigentlich eine ganz gute Beschreibung von Angela Merkel, oder?

Und raten Sie mal, auf wen dies zutrifft: »Die Linde ist ein äußerst kritischer Zeitgenosse. Ihr wachsames Auge richtet sich sowohl gegen andere als auch gegen sich selbst. Meistens legt sie an die eigene Person sogar noch härtere Maßstäbe an … keine Frage, dass Linden ausdauernd arbeiten können und zu denjenigen gehören, die das Büro als Letzte verlassen.« Genau: Wolfgang Schäuble, 18. September.

Aber jetzt höre ich lieber auf damit. Sonst ergeht es mir noch so wie der ehemaligen österreichischen Justizministerin Karin Miklautsch, die 2006 bei einem Besuch im Gefängnis in ihrer Rede die Insassen darauf hinwies, dass nicht nur sie, sondern auch drei ihrer Amtsvorgänger im Zeichen der Linde geboren worden seien und sich im keltischen Orakel »durch besonderen Gerechtigkeitssinn« auszeichneten und horoskopisch bekannt dafür seien, »sich in die Lage ihrer Mitmenschen zu versetzen, um eine akzeptable Lösung für jede Situation zu entdecken«. Ihrer Karriere hat das heute hochmodische Storytelling nicht gut getan; sie demissionierte noch im selben Jahr …

24. Zunehmend wolkig

Der Mensch lebt ja zu seinem Bedauern nicht immer in seiner Lieblingslandschaft.

Geschmackvolle Nachbarn runzeln jedoch die Stirn und meist schreitet die Baubehörde ein, wenn jemand sich an der Ostsee ein Schweizer Chalet bauen will oder eine balinesische Bambusvilla auf der Schwäbischen Alb. Gärtner dagegen dürfen es ungestraft mit Wilhelm Busch halten: »Schön ist es auch anderswo / Und hier bin ich sowieso.«

Der Gärtner nämlich kann seine Gefilde der Sehnsucht mehr oder weniger authentisch, mehr oder weniger üppig hinterm Haus oder auch im Vorgarten verwirklichen. Was all die deutschen Terrassen voller Mittelmeergewächse, wie Oleander, Lavendel, Oliven, Palmen beweisen. Was alpine Steingärten in der norddeutschen Tiefebene ebenso erklärt, wie Hermann-Löns-Ensembles aus Birken und Heidekraut an der Mosel. Mit Inbrunst werden englische Staudenrabatten gehätschelt und französische Gemüsegärten angelegt.

Japanische Gärten allerdings sind im privaten Grün noch vergleichsweise rar. (Ich vermute, weil darin für Grillplätze, Rosenbögen, Plastikrutschen und ähnlich beliebtes Inventar der deutschen Gartler keinerlei Platz vorgesehen ist.) Aber das ändert sich gerade. Bäume im japanischen Wolkenschnitt haben alle Aussicht zum Gartentrend des Jahrzehnts zu werden.

Ich gestehe: Bei Wolkenschnitt dachte ich bis vor Kurzem eigentlich an frisierte Pudel im 50er-Jahre-Look, die stramm rasiert wurden bis nur ein wolliges Krönchen, ein Bommel am Schwanz und üppige Pluderhosen übrig blieben. Jetzt macht diese Schur-Technik des gezielten Wegnehmens und Stehenlassens rasant Karriere im Garten und nennt sich unter Kennern Niwaki.

Niwaki bedeutet auf Japanisch wortwörtlich Gartenbäume und zugleich die künstlerische Bearbeitung dieser Bäume. Eine Kunst, die in Japan seit der Nara-Zeit vor über tausend Jahren praktiziert, gelehrt und weiterentwickelt wurde. Während die Gärten der westlichen Welt in allen Epochen mit möglichst großer Pflanzenvielfalt, Farbenpracht und immer neuen Importen aus fremden Erdteilen prangen wollten, huldigte man in Japan der Kunst der Beschränkung und begnügte sich mit einer ziemlich kleinen Pflanzenpalette, aus der es das Beste herauszuholen gilt. Aus einer recht gewöhnlichen Schwarzkiefer, Eibe oder Stechpalme etwa machen das Auge und die Schere des Gärtners ein Unikat. Eine lebende Skulptur, die Atmosphäre und Stimmung schafft – das ist das Ziel. Symmetrie ist dabei verpönt. Niwaki werden passend zur Umgebung so modelliert, dass sie wahlweise uralt aussehen, bizarr oder graziös, windgepeitscht oder melancholisch.

Ich kannte sie längst von japanischen Holzschnitten, diese unverwechselbaren Bäume, und hielt sie irrtümlich für eine Laune der Natur, statt für ein raffiniertes Kunstwerk. Zwar hat man auch in Europa fleißig an Bäumen und Büschen geschnippelt, sie zu Mauern, Säulen, Quadern, Kegeln und Kugeln getrimmt – doch das Ziel war dabei eindeutig, der »unordentlichen« Natur ein Korsett zu verpassen und sie gleichsam in Architektur zu verwandeln. Und bei den im 18. und 19. Jahrhundert florierenden Obstspalieren, beschnitten zu Palmetten, Kandelabern und Fächern, ging es ursprünglich weniger um Schönheit, als um bequemere Baumpflege und Ernte ohne Leiter. Niemand im ganzen Abendland wäre auf die Idee verfallen, jahrelang mit einer kleinen Schere an einer Kiefer zu werkeln, um sie endlich aussehen zu lassen, als sei sie einst vom Blitz getroffen worden. Oder um an gesunden Bäumen kahle Äste zu produzieren, an deren Ende Tuffs aus Tannennadeln oder kleinen Blättchen wachsen. Diese Tuffs gleichen dann Wolken, fliegenden Untertassen, Muscheln, Luftballons und grünen Paddeln …

Und jetzt ist der Niwaki das neue must-have im Garten. In renommierten deutschen Baumschulen stehen die bewölkten Bäume schon reihenweise bereit. Verleger lassen eilends Spezial-Literatur übersetzen. Gartenarchitekten verschreiben ihrer Kundschaft Exemplare für mehrere tausend Euro. Off- und online mischen die Gartencenter mit und verkaufen Wolkenschnitt-Gewächse als Garten-Bonsai oder XXL-Bonsai. (Tatsächlich ist die Ästhetik und die Schnitt-Technik ähnlich wie bei den bekannten Minis, nur dass der für die Verzwergung verantwortliche Wurzelschnitt entfällt.) Für die Gartenfrau, die sich traut, gibt es Anleitungen, wie sie allerhand langweilige Gewächse auf ihrer Scholle zu Niwakis stylen kann: *Niwaki – Japanische Gartenbäume schneiden und formen* von Jake Hobson; *Die Kunst des Wolkenschnitts* von Christian Coureau, beide im Ulmer-Verlag.

25. Die ältesten Blumen der Erde

Ich fürchte, dass ich viele Jahre meines Gartenlebens verschwendet habe, weil ich Magnolien eher schräg von der Seite angeguckt habe. Die im April allgegenwärtigen Riesenblüten an kahlen Ästen erschienen mir wie quietschrosa Zuckerwatte in graubraunen Vorgärten, wo sie für meinen Geschmack oft etwas unangemessen Großspuriges hatten. Das lag daran, dass ich keine Ahnung von der Vielfalt der Arten, Sorten und Hybriden des Gehölzes hatte. Ich begegnete fast nur der überaus populären Tulpen-Magnolie (Magnolia soulangiana), in England respektlos »saucer magnolia«, also Untertassen-Magnolie genannt. Und der wesentlich zierlicheren Stern-Magnolie, die schon im März viele kleine weiße Blüten treibt, die an etwas zauselige Margeriten erinnern, wenn sie nicht von Vorfrühlingsfrösten niedergemacht werden.

Erst später entdeckte ich die Spezies der Purpur-Magnolien, deren lateinischer Name Magnolia liliiflora schon die eleganteren Blüten beschreibt, die violetten Lilien gleichen und sich erst im Mai zeigen, wodurch sie ihr Bindegrün in Form des jungen Laubes gleich mitbringen. Und dann stieß ich auf die faszinierende Geschichte dieser so exotisch wirkenden Pflanzen:

Sie waren die allerersten Blumen auf dem Erdball. Magnolien blühten schon in der Kreidezeit, vor rund 100 Millionen Jahren, als es sonst nur Nadelbäume gab. Die Magnolie war in der botanischen Evolution das Bindeglied zwischen Koniferen und den ersten Laubbäumen. Damals gab es auch noch keine Bienen, deshalb lockte die Magnolie mit ihrem süßen Duft Käfer zur Bestäubung an – und das ist bis heute so geblieben. Magnolien wuchsen einst auf allen Erdteilen, erst die letzte Eiszeit machte ihnen in unseren Breiten den Garaus. In Ostasien und im südlichen Amerika bilden die Urzeitpflanzen mit den an rote Tannenzapfen erinnernden Früchten bis heute blühende Wälder. Aber es sollte bis zum 18. Jahrhundert dauern, bis die berühmten Pflanzenjäger uns die ersten dieser so exotisch wirkenden Gehölze zurückbrachten.

Was mir vollends die Augen öffnete für die Vielfalt der Magnolien, war ein anmutiger kleiner Baum mit sattgrünem Laub und reinweißen Schalenblüten mit einem dunkelroten Auge aus Staubgefäßen, den ich im schattigen Garten eines Freundes sah. Es war eine Magnolia sieboldii, auch Sommer-Magnolie genannt, denn sie zeigt ihre nickenden, handtellergroßen Blüten erst zwischen Juni und Juli. Und blüht – im Gegensatz zu den Tulpenmagnolien, deren Feuerwerk nach 14 Tagen vorbei ist – viele Wochen lang. (Da stört mich auch nicht, dass Siebolds Magnolie die Nationalpflanze Nordkoreas ist und als Wasserzeichen auf Kim Jong-uns Geldscheinen prangt.)

Die majestätischste von allen ist die immergrüne Magnolie. Auch sie entfaltet erst zwischen Juni und August ihre betörend duftenden, wachsweißen Riesenblüten (30 Zentimeter Durchmesser!) im dunkelgrünen Blätterkleid. Die Magnolia grandiflora stammt aus dem Süden der USA, wo sie bis zu 25 Meter hoch wird und so verbreitet ist, dass die Staaten Mississippi und Louisiana auch »Magnolia-Staaten« genannt werden. Von dort kamen die ersten Exemplare nach Mitteleuropa: ein Kaufmann in Ulm und der Stadtschreiber von Danzig hatten sie nachweislich schon 1747 in ihren Gärten. Heute fehlt die Magnolia grandiflora in kaum einem Park in Italien oder Spanien, in Deutschland gilt sie jedoch als heikel. Obwohl es inzwischen Sorten gibt, die locker auch minus

20 Grad wegstecken wie z. B. die Züchtung »Kay Parris«.

Ein afrikanisches Sprichwort weiß: »Die beste Zeit, einen Baum zu pflanzen, war vor 20 Jahren. Die nächstbeste Zeit ist jetzt.« Für die Magnolie trifft das besonders zu. Weil einige Magnolien sich leider ein paar Jahre zieren, bevor sie ihren märchenhaften Blütenflor zeigen. Aber den tragen sie dann mitunter hundert Jahre lang.

Die größte Auswahl mit über 500 verschiedenen Magnolien hat im deutschsprachigen Raum der leidenschaftliche Züchter und online-Händler Michael Gottschalk. (lunaplant.de).

26. Kunst am Baum

Der Garten meint es im deutschen Winter nicht sonderlich gut mit uns. Meistens gibt es ja statt »Weißer Weihnacht« nur zugezogene Vorhänge, um das Elend mit dem Lichterketten-Bäumchen im Regen nicht sehen zu müssen. Während Osterglocken und Pfingstrosen ihrem Namen alle Jahre wieder Ehre machen und pünktlich zu diesen Feiertagen blühen, ist der millionenfach als Topfpflanze verkaufte Weihnachtsstern nur ein schwacher Trost. Und die Christrosen bringen zu Heiligabend im Freiland allenfalls eine zauselige Blüte hervor. Wer während des oft wochenlang andauernden Schietwetters etwas Sehenswertes in seinem abgeschminkten Garten haben will, braucht ein paar wetterfeste Ideen. Die gute Nachricht: Eine Tendenz zu Gärten ohne bunte Blumen lässt sich auf internationalen Gartenfestivals wie Chaumont-sur-Loire und Chelsea Flower Show schon seit Längerem beobachten. Parallel dazu arbeiten heute mehr denn je bildende Künstler mit Bio-Material statt mit Bronze.

Was für originelle, romantische, nachahmenswerte Garten-Highlights dabei herauskommen können, habe ich gerade in dem Bildband *Living Sculpture* von Paul Cooper gesehen, den ich in einem Antiquariat entdeckte.

Paul Cooper ist in der Garten-Nation England berühmt: Er ist Bildhauer, war Uni-Dozent für Kunst und Design, schuf prämierte Gärten und schreibt seit 30 Jahren über Garten-Design. Die »lebenden Skulpturen«, die er für sein Buch ausgewählt hat, möchte man sich sofort in den Garten stellen: Ligustersträucher, zu Hockern und Armlehnstühlen zurechtgestutzt. Ein altes Eisenbett mit einer Matratze aus Moos. Ein riesiges Gartensofa samt Couchtisch aus Torfblöcken, bezogen mit Rollrasen – da juckt es die Gartenfrau in den Fingern, die grünen Möbel bei nächster Gelegenheit nachzubauen.

Man braucht allerdings Armschmalz und einen guten Hand-Rasenmäher mit verstellbarer Schnitthöhe um diese verblüffende Sitzlandschaft zu kopieren. Das gilt auch für eine ganze Reihe anderer Rasenkunststücke: Romantische Spiralen in der grünen Wiese, anderswo ein grasiges Wellen-Meer. Und vor dem Londoner Kunstmuseum Tate Modern liegt nicht einfach ein plattes Stück

Wiese, sondern ein plastischer, pflegeleichter Karoteppich in zwei Grüntönen: Die Gartenarchitekten haben die Fläche wie ein Schachbrett mit verschiedenen Grassorten eingesät. Und mähen die Quadrate nur abwechselnd und gelegentlich.

Auch angesichts der Arbeiten des britischen Künstler-Duos Heather Ackroyd und Dan Harvey kriegt man Kopier-Gelüste. Sie haben z.B. den majestätischen Stamm einer toten Eiche nicht etwa abgeholzt, sondern frisch begrünt. Haben das Baumskelett dazu mit einem dicken Brei aus Lehm, Wasser und Grassamen bestrichen, der sehr gut an der rauen Eichenrinde haftet und das Totholz bald mit neuem Leben in Form von Grasflaum überzieht. (Ackroyd und Harvey haben auch schon ganze Kirchen und Häuserfassaden mit sprießendem Rasen verkleidet, aber so weit möchte ich noch nicht gehen.)

Aus Japan kommt nicht nur der dekorative Wolkenschnitt. Eine andere Variante fernöstlicher Kunst am Baum ist leicht auszuprobieren, auch von Leuten, denen der Mut zum Schnippeln fehlt: komplett mit Jutestreifen, Baumwolltuch oder Tauen umwickelte Baumstämme und Äste, was gerade an kahlen Gehölzen aus der Entfernung wie eine besonders aparte Baumrinde wirkt.

Noch einfacher ist es, zum Pinsel zu greifen, um seinen wintergrauen Garten zu beleben. Das Bild einer Magnolie mit kobaltblauem Stamm und Geäst geht mir nicht mehr aus dem Sinn. Einfach mit wasserbasierter Farbe angemalt, schadet das der Borke keineswegs, versichert der Künstler. Und wenn im April die rosigen Tulpen-Blüten der Magnolie noch vor den Blättern am blauen Holz erscheinen, ist die Farbsymphonie spektakulär. Ob ich mal ausprobiere, welche Farben am besten zur Apfel- und Kirschbaumblüte passen?

27. Die grünen Wände

Ich habe in meinem Gartenleben an verschiedenen Schauplätzen schon über 300 Meter Hecken gepflanzt. Denn einen Garten ohne Hecken mag ich mir gar nicht vorstellen. Soll ich etwa hinter Maschendraht leben? Hecken sind erst mal nützlich: Sie halten freilaufende Hunde und gefräßige Rehe ab, sie dämpfen Lärm und Wind und filtern Autoabgase. Sie schützen vor neugierigen Blicken, aber auch vor unerwünschten Anblicken wie Nachbars Carport, Mini-Windmühle und Mülltonnen-Batterie. Genauso wichtig erscheint mir ihre ästhetische Funktion: Hecken in verschiedenen Höhen gliedern den Garten so rhythmisch wie Strophen ein Gedicht.

Die Faustregel lautet: Je langsamer die Heckenpflanze wächst, desto teurer ist sie. (Es sei denn, man begnügt sich mit daumenlangen Stecklingen der vornehmen Eibe). Je schneller, desto billiger – und beliebter. Die Ungeduld des Gärtnerherzens hat aber auch ihren Preis: Raketen-Koniferen wie die Leyland-Zypressen wachsen pro Jahr bis zu

80 Zentimeter und müssen mindestens zweimal im Jahr geschnitten werden, sonst verkahlen sie von innen. Der populäre Kirschlorbeer (Prunus laurocerasus) legt nicht nur jedes Jahr mindestens einen halben Meter in der Höhe zu, sondern geht auch entsprechend in die Breite, so dass man seine liebe Müh und Not hat, ihn mit Schere und Säge an die ihm zugedachte Aufgabe als Heckenpflanze zu erinnern. Freiwachsende romantische Hecken aus Wildrosen, Holunder, Feldahorn und Flieder bilden bald ein Dickicht von mehreren Metern Durchmesser, weswegen sie trotz aller ökologischen Vorzüge nur für Riesen-Grundstücke infrage kommen.

Aber wer sagt, dass eine straff geschnittene Hecke so langweilig wie eine Schallschutzmauer aussehen muss? Die grüne Wand lässt sich bestens personalisieren: Man kann langgezogene Stufen hineinschneiden um einem Hang zu folgen, Wellen, Torbögen, Zacken oder Zinnen. Ich habe schon mannshohe Herzen gesehen und oben gerundete Ligusterhecken, die wie ein Drache oder ein ICE auf der Grundstücksgrenze lagen, komplett mit zwei Led-Lämpchen als Augen bzw. Scheinwerfer. Das mehr oder weniger kunstvolle Herumschnippeln an Hecken scheint übrigens ansteckend zu sein: Ich kenne Gegenden, in denen einer damit angefangen hat, sich was auszuhecken … einige Jahre später hatte die Nachbarschaft nachgezogen.

Nichts für Anfänger an der Heckenschere, aber sehr reizvoll, sind runde oder eckige Fenster, wenn sie in der Hecke zwischen zwei Gartenteilen auf einen Blickfang dahinter ausgerichtet sind. Oder, wie bei mir, als Klönschnack-Luke und Durchreiche zu meiner Lieblingsnachbarin dienen. Und kleine Kinder freuen sich über eine Variante der Katzenklappe, durch die sie am Heckenfuß zu ihren Kumpels nebenan kriechen können.

Wer mit seinen Quadratmetern und / oder seinem Budget geizen muss, für den sind Fake-Hecken eine interessante Lösung. Efeu vermag einen hässlichen Maschendrahtzaun ziemlich schnell in eine grüne Wand zu verwandeln. Muss allerdings auch immer mal rasiert werden, damit das Gewicht der Blattmasse die Trägerkonstruktion nicht zu Fall bringt. Gartenfrauen, die (im Gegensatz zu mir) ein Händchen für Clematis haben, können das dunkelgrüne Gewölle als Rankhilfe benutzen und mit pastellfarbigen Blüten herausputzen. Auch der leise raschelnde und schnell wachsende Bambus ist keine herkömmliche Heckenpflanze, lässt sich aber – straff geschnitten – fabelhaft dafür verwenden. Denn neuerdings gibt es Sorten ohne die problematischen Wurzelausläufer, die früher zu viel Nachbarschaftsstreit führten und im eigenen Garten zu Flüchen.

Ein Kapitel für sich, und zwar ein trauriges, sind die heißgeliebten Buchsbaumhecken. Seit 2004 werden sie in Deutschland reihenweise niedergemacht vom Buchsbaumzünsler und von einer Pilzkrankheit namens Cylindrocladium buxicola, deren tückische Sporen jahrelang im Boden nisten, so dass eine Buxus-Neupflanzung bald das gleiche Schicksal erleidet. Mit dieser Trübsal stehen fast all meine Gartenfreunde und ich nicht allein: Selbst der berühmte Barockgarten in Hannover-Herrenhausen ist nach 300 Jahren Buchs-Pracht so schwer betroffen, dass die Profigärtner dort ihre Beete jetzt lieber mit den neuen Buchs-Ersatzpflanzen – Zwergformen von Ilex, Taxus und Thuja – einfassen.

Aber die Hoffnung stirbt ja immer zuletzt: Seit 2018 raunen sich Buchs-Liebhaber das Bestäuben mit Algenkalk als Wunderwaffe gegen das Pflanzen-Siechtum zu. Also habe ich sofort 20 Kilo bestellt von dem Puder, der aus bretonischen Rotalgen besteht. Weil Buchs aber äußerst langsam neu austreibt – wenn überhaupt –, muss ich mit dem Jubilieren noch ein bisschen warten. … immerhin lässt sich schon sagen, dass die Krankheit nicht fortschreitet.

28. 10 Gebote für absolute Anfänger

Leider ist mir bislang kein Nachwuchsgärtner vergönnt. Meine Kinder durchpflügen derzeit noch lieber den Großstadtdschungel. Wo ich ihnen doch sooo viel Interessantes über Gartengestaltung erzählen könnte! Umso mehr habe ich mich gefreut, als mich kürzlich die Tochter einer Freundin mit der Neuigkeit anrief, sie habe jetzt ein Haus mit Garten. Oder vielmehr mit einem Stück verwilderten Rasen drum herum. Ob ich ihr nicht kurz ein paar Tipps geben könne, wie man daraus einen schönen Garten macht?

Sarah lebt weit entfernt, so dass eine Ortsbesichtigung nicht infrage kam. Kurz ein paar Tipps? Unmöglich, dachte ich. Doch dann fühlte ich mich herausgefordert und fasste meine Gärtnerlebenserfahrung in einem 10-Punkte-Programm zusammen.

1) Bevor du überhaupt einen Spaten zur Hand nimmst: Stell dich zu allen Tageszeiten ans Fenster und in jede Gartenecke, um Licht und

Schatten zu beobachten und die jeweilige Perspektive. Nur so kriegst du raus, wo der Sitzplatz hin soll und wo die Maiglöckchen.

2) Gibt es jenseits des Grundstücks etwas Hässliches zu vertuschen oder etwas Schönes zu sehen? Plane ein massives immergrünes Gehölz, um den Wellblechschuppen oder die Brandmauer des Nachbarn zu verdecken, aber halte den Blick frei auf den Kirchturm oder die waldigen Hügel in der Ferne.

3) Hat der Garten keinerlei interessanten Ausblick, musst du selber für einen Blickfang sorgen. Das kann ein Brunnen sein, eine Skulptur am Ende eines Weges, ein Pavillon, ein Rondell oder eine Pergola …

4) Gib dein Geld am Anfang vorrangig fürs Durable aus: Zäune, Wege und Terrassenplatten schafft man für Jahrzehnte an. Sie prägen deinen Gartenstil, also wähle das beste Material und Design, das du dir leisten kannst.

5) Frage dich bei allem, was du pflanzen willst, wie es im Winter aussieht. Kahle Bäume haben ihren Charme, aber ein reiner Staudengarten ist dann meist ein trostloser Anblick. Denk deshalb an immergrüne Akzente wie Lorbeer, Eibe, Santolina.

6) Gönn dir eine Wasserstelle. Es muss nicht gleich ein Seerosenteich sein, auch ein Sandsteintrog oder eine schmale Steinrille bringen Leben in den Garten, erst recht, wenn eine Umlaufpumpe für anheimelndes Murmeln sorgt.

7) Vor allem platte Gärten brauchen eine Vertikale, zumindest einen »Hausbaum«. Bevor du einen Baum pflanzt, erkundige dich genau, wie hoch und breit er wird. Bevor dir die erträumte Kastanie den halben Garten verschattet, nimmst du vielleicht lieber einen Zwerg-Ahorn.

8) Anfänger lassen sich meist nur von Blütenformen und Lieblingsfarben leiten. Es gibt aber leider keine Zwölf-Monats-Blüher. Weswegen das Laub der Gewächse mindestens ge-

nauso wichtig ist. Such dir Pflanzen mit dekorativen Blätter wie z. B. Christrosen, Strauchpäonien, Japan-Anemonen. Mische Pflanzen mit linearem Habitus (wie Iris) mit kompakten, kleinblättrigen und filigranen Stauden.

9) Der Gärtner-Azubi verfällt leicht in einen Kaufrausch. Damit das Ergebnis deiner Pflanzungen nicht aussieht wie »von jedem Dorf ein Hund«, nimm lieber weniger Sorten in größerer Stückzahl.

10) Überleg dir genau, wie viel Zeit du deinem Garten widmen kannst. Die alte Faustregel »Eine Stunde pro Quadratmeter pro Jahr« bedeutet bei tausend Quadratmetern nämlich einen unbezahlten Halbtagsjob. Kannst du das bringen? Oder willst du nicht lieber gleich ein großes Wildwiesenstück einplanen? Das erspart dir womöglich den traurigen Tag, an dem du das verfilzte Buchs-Parterre oder den Rosengarten platt machen musst, weil du die Gartenarbeit einfach nicht mehr schaffst.

29. Mail@Baum

Besonders im Herbst wird in Deutschland viel gemosert über ausgefallene Züge der Bundesbahn. Die schiebt das auf Sturmschäden, entwurzelte Bäume und herabgefallene Äste hätten die Gleise zum Teil tagelang blockiert. Dem Gärtner stellt sich da die Frage, ob eigentlich weder Bahn noch NABU diese Bäume entlang der Bahnstrecken so regelmäßig und aufmerksam inspizieren wie das der liebende Gartler mit seinen Exemplaren tut. Offenkundig nicht. Anstatt zu jammern »Wer soll das bezahlen?«, empfiehlt sich ein Blick nach Australien.

Dort ist man beim tree-spotting viel weiter und schlauer. Schon 2013 beschloss die Umweltbehörde in Melbourne ihre Straßenbäume mit einer ID-Nummer und E-Mail-Adresse auszustatten. Damit die Bürger schnell und unbürokratisch melden können, wenn Äste herabzufallen drohen, Bäume lädiert wurden oder krank aussehen. Mail an die Ulme ID1037148: »Es tut mir so leid, dass Du bald sterben wirst. Es macht mich traurig wenn LKWs Deine herabhängenden Äste beschädigen. Hast Du die ewigen Bauarbeiten genauso satt wie wir?«, schrieb jemand im Mai 2015. Abertausende von Mails sind seither eingegangen … und nicht nur Schadensmeldungen. Sondern auch Liebesbriefe, Kummerkasten-Post und botanische Fragen. »Eine unbeabsichtigte, aber positive Folge«, erklärt der Umweltbeauftragte Arron Wood. Bürger L. schrieb z.B. an einen Eucalyptus nicholii, auch weidenblättriger Pfefferminzbaum genannt: »Hallo Herr Pfefferminz – oder sollte ich sagen Frau Pfefferminz? Haben Bäume eigentlich ein Geschlecht?« … Und bekam prompt Antwort: »Ich bin weder Mann noch Frau, da meine Blüten sowohl männliche wie weibliche Merkmale haben. Wissenschaftlich nennt man das einhäusig. Andere Bäume haben ein Geschlecht, weil sie nur männliche oder weibliche Blüten tragen, man nennt sie zweihäusig. Wieder andere haben männliche und weibliche Blüten am selben Baum … erstaunlich, wie vielfältig und komplex wir Bäume sind!

Liebe Grüße von Mr. und Mrs. Pfefferminz (derselbe Baum!)«

In Deutschland, wo Menschen nicht nur Bäume umarmen, sondern auch Bücher darüber verfassen und Tree-hugger-Shirts tragen, hätte das Briefeschreiben an Bäume bestimmt das Zeug zum Trend. Ich hab schon mal damit angefangen:

Lieber Goldregen,

Du hast ja schon vor vielen Jahren das Zeitliche gesegnet. Ich habe aus der Not eine Tugend gemacht und Dein Skelett mit einer Kletterhortensie bepflanzt, die im Frühsommer zu einem gigantischen weißen Bukett erblüht und jetzt im Winter die Meisen vor meinem Fenster versammelt, weil die so versessen auf die Saatkörnchen der Baumhortensie (Hydrangea petiolaris) sind, dass sie keinen Meisenring mehr anrühren. Leider musste ich feststellen, lieber Goldregen (R. I. P.), dass Dein Stamm zu wackeln beginnt. Ich überlege jetzt, Deinen Fuß einzubetonieren – oder erinnert Dich das an Mafia-Filme? Du hast ja noch kein E-Mail, aber kannst Du mir ein Zeichen geben?

Deine P.

Liebe Linde,

Du stehst vor meiner Haustür und bist bildschön. Leider bist Du nicht sehr reinlich. Deswegen sind viele Nachbarn sauer auf Dich: Dein Getröpfel versaut sämtliche Autos, die in Deinem Schatten stehen, und bei meinem Fahrrad kleben Lenkstange und Sattel. Aber Schwamm drüber, im doppelten Sinne. Ich weiß ja, dass nicht Du das Ferkel bist, sondern die Blattläuse, die Dich im Sommer zu Myriaden heimsuchen und aussaugen. Und ihre Ausscheidungen auch noch Honigtau nennen!

Ich fühle mit Dir und hab Dich weiterhin gern.
Paula A.

Hallo Platane,

Wir haben was gemeinsam: Die Hundehaufen auf Deiner Baumscheibe sind für Dich wahrscheinlich genauso unangenehm wie für mich. Habe Dir schon die bewussten Beutel umgebunden, liebe Platane, aber erstens gehen bei uns viele Hunde selbsttätig Gassi und zweitens gibt es Herrchen und Frauchen, die zwar den Beutel benutzen, aber dann vor Ort fallen lassen. Deswegen ein Vorschlag an Deine Schirmherren beim Gartenbauamt: Können die nicht mal Coleus canina zu Deinen Füßen pflanzen? Hält angeblich Hunde und Katzen meterweit fern. Weswegen das Sträuchlein auf deutsch Verpiss-dich-Pflanze heißt.

In der Hoffnung, Dir mit diesem Tipp gedient zu haben.

Deine Anwohnerin

30. Von Köchen und Gärtnern

Stets bestand da eine mehrere Spaten tiefe Kluft: Zwischen den Gartlern, die sich hingebungsvoll der Aufzucht von Kraut und Rüben widmen, und den Leuten, die den Guide Michelin lesen wie die Bibel und keine Tagesreise scheuen, um ein einziges Mal an einem monatelang im Voraus reservierten Tisch rätselhafte Dinge essen zu dürfen. Wir Gärtner aus Leidenschaft galten insgeheim als Laubenpieper, wenn wir von unserem Mangold schwärmten, der vom Beet in den Topf nur Minuten braucht. Die foodies schworen auf Sterneköche in der deutschen Provinz, die sich selbst die Kartoffeln und die Petersilie vom Rungis-Express aus Paris bringen ließen, statt sie erntefrisch beim nächsten Bauern oder auf dem Wochenmarkt zu kaufen.

Pendelnd zwischen Neigung und beruflicher Neugier war ich jahrzehntelang ein Wanderer zwischen diesen beiden Welten. Ich habe in der Haute Cuisine viele Moden kommen und gehen gesehen: Die Mini-Gemüse. Die Sous-Vide-

Masche, bei der selbst Erdbeeren vakuum-gegart serviert wurden. Die Bugwelle der Espumas, wobei die Köche hochwertige Zutaten mit Chemikalien zu einem Babybrei vermanschten um sie dann mit einem Siphon auf die Teller zu spritzen.

Es hat sich ausgeschäumt. Amüsiert und erfreut lese ich, dass immer mehr mondäne Restaurants und ihre Kundschaft im wahrsten Wortsinn zurück zu den Wurzeln wollen. Mohrrüben sind die neuen Trüffel. Statt Kaviar ist Kohlrabi-Stampf angesagt. Und der Kohlrabi muss selbstgezogen sein! Das legendäre »Noma« in Kopenhagen, vier Mal zum weltbesten Restaurant gekürt, blieb ein Jahr geschlossen. Chef René Redzepi nahm sich eine Auszeit und ging unter die Hobbygärtner – um anschließend sein Lokal als »Urban Farm« in der alternativen Hochburg Christiania neu zu eröffnen. Rund um das aufgelassene Lagerhaus wurde gepflügt; die besternte Köche-Riege durch einen Landwirt ergänzt. Und die Wartezeiten für einen Tisch sind so lang wie eh und je. In seiner Transformationsphase kochte Redzepi gelegentlich bei einem ebenfalls weltberühmten Seelenverwandten, dem isländischen Künstler und Wahlberliner Ólafur Elíasson. Der ist vor allem bekannt für seine poetischen Lichtinstallationen und ebenfalls immer ausgebucht; hat aber auch ein Kochbuch geschrieben. *The Kitchen* (im Phaidon Verlag) beschreibt die hochkarätige vegetarische Kantinenkost für die rund 100 Mitarbeiter des Künstlers im Ateliergebäude auf dem Areal der Pfefferberg-Brauerei in Prenzlauer Berg. Das Gemüse wird zum Großteil vor Ort und auf dem Dach angebaut.

Gärtnern und Kochen sind mir stets als verwandte Disziplinen erschienen. Beides muss man mit Liebe betreiben, denn es ist heutzutage eigentlich unnötig. Man kann sich auch mit Fertiggerichten perfekt ernähren und seine Balkonkästen schmücken mit Ex-und-hopp-Pflanzen. Wer aber noch selber Tomaten, Zucchini oder Salat pflanzt, braucht auch eine gewisse kulinarische Phantasie. Das meiste Grünzeug hat die Eigenschaft, sein Füllhorn auf einen Schlag über die Gartenfrau auszukippen. Wenn sie ihre Familienmitglieder nicht zum Meutern bringen will, muss sie sich also am Herd allerhand einfallen lassen, um ihnen jeden zweiten Tag Erbsen oder Bohnen unterzujubeln. Beim Gärtnern und beim Kochen braucht man ein Gespür für gelungene Zusammenstellung und vor allem eine leichte Hand. Weswegen gute Gärtnerinnen genau wie gute Köchinnen ihre

Freunde oft zur Verzweiflung bringen, weil sie auf die Frage nach dem Geheimnis ihrer prachtvollen Blumenwiese oder Tomatensuppe gern antworten: »Och, das ist ganz einfach, hab ich ganz schnell gemacht, kannst du auch!« Stimmt, und ist manchmal trotzdem gelogen, weil es Jahre dauerte, bis man den Bogen raushatte …

31. Gartenmythen ade

Wenn jemand schwimmen lernen will, springt er nicht ins tiefe Wasser und legt einfach los. Die Millionen Freizeitgärtner in Deutschland sind dagegen fast durchweg kühne Autodidakten. Das haben sie mit den Hobbyköchen gemeinsam. Beide leben ihre Leidenschaft nach der trial-and-error-Methode, erinnern sich an Omas Ratschläge, fachsimpeln mit Gleichgesinnten und bilden sich nimmermüd fort mit der Lektüre von einschlägigen Büchern, Zeitschriften und Blogs.

Nun muss man mal sagen dürfen, dass sehr viele Garten- und Kochbuchautoren vielleicht keine Plagiatoren sind, aber Wiederkäuer der immer gleichen Weisheiten – ich habe eine stattliche Bibliothek, die das beweist.

Dadurch sind wir Opfer vieler Ammenmärchen, die seit Jahrhunderten ungeprüft weitergegeben werden. Die meisten Leute glauben z. B. immer noch, dass man Spinat- und Pilzgerichte nur unter Lebensgefahr aufwärmen dürfe, obwohl selbst die

Hauspostille meiner Krankenkasse diese Regel aus der Vor-Kühlschrank-Ära für überholt hält. Die meisten Gärtner beherzigen das Gebot ihrer Altvorderen, wonach einmal harken besser sei als dreimal gießen. Sie glauben an Fruchtfolge und Vierfelder-Wirtschaft, das Schattieren von Gewächshäusern und die Todsünde, in der prallen Mittagshitze zu gießen. Sie graben ihre Beete regelmäßig um, verschließen Baumwunden mit Harz und befestigen junge Bäume an einem Pflanzpfahl. Alles unnötige Arbeit und vieles sogar schädlich.

Denn unlängst ist ein Buch erschienen, das mit 99 solcher Gartenmythen aufräumt.

Autor Charles Dowding (*Gelassen gärtnern – 99 Gartenmythen und was von ihnen zu halten ist*, oekom-Verlag) ist seit 30 Jahren gewerbsmäßiger Bio-Gärtner, ohne je zum Spaten zu greifen, weil das lästige Umgraben nur der Bodenqualität schade. Dowding ist kein beseelter Bio-Hippie, sondern von wissenschaftlichem Denken geprägt. Er studierte Geographie in Cambridge, ehe er sich dem Gemüseanbau nach der bequemen No-dig-Methode zuwandte und mit mehreren Büchern zum Mythenkiller wurde.

Bis letzte Woche war ich so felsenfest davon

überzeugt wie all meine Gartenfreunde, dass man im Sommer nur abends wässern dürfe. Ein Glaubensgrundsatz, der mir viele Ausgeh-Abende und oft den Ehefrieden verdarb. Aber was tut man als Gartenliebhaber, wenn einem eingeimpft wurde, dass morgendliches Gießen zu schnell verdunste und mittags in der Knallsonne die Wassertropfen die Blätter verbrennen? An der Universität von Budapest hat man 2009 die Probe aufs Exempel gemacht und konnte in langen Versuchsreihen keine einzige Blattschädigung nachweisen – die Tropfen verdampfen viel zu schnell und bündeln das Licht mitnichten wie Glasperlen. Charles Dowding empfiehlt Gelassenheit: Einfach gießen, wenn die Pflanzen durstig aussehen. Und, ausgenommen Tomaten, gern auch auf die Blätter.

Mir wurde außerdem nach der Lektüre endlich klar, wieso mein zehnjähriger Birnbaum immer noch aussieht wie ein zweijähriger, als der er gepflanzt wurde. Dabei hatte ich es doch so gut gemeint und die Vorschrift befolgt, ein Quadratmeter Loch auszuheben, mit verbesserter Erde zu befüllen und die junge Hochstammbirne sorgsam mit einer Gummimanschette an einen Pfahl zu binden. Eine Langzeitstudie der Colorado State University beweist aber, dass sich Bäume schlechter entwickeln, wenn sie nicht im Wind hin und her schwanken dürfen. Weil das Bäumchen dann nicht lernt, stärkere Wurzeln zur Stabilisierung zu bilden. Auch das geräumige, humusgefüllte Pflanzloch betrachten die Forscher als Fehler: Oftmals haben die Wurzeln dann keine Lust, über die Luxuserde hinauszuwachsen und einen anständigen Ballen zu entwickeln. Zudem bildet sich an der Grenze zwischen lockerer Pflanzerde und hartem Gartenboden gern schädliche Staunässe. Erfolgsgärtner Dowding pflanzt seine Bäume in ein Loch, nicht größer als der Ballen, und füllt mit dem Aushub auf. Organisches Material als Vorratsdüngung nur obendrauf. Und er desinfiziert Schnittstellen an Bäumen nicht, weil die antiseptischen Produkte jene Organismen im Baum schädigen, die für die Selbstheilung zuständig sind.

Ich hatte immer vermutet, es gehöre zur seelischen Grundausstattung eines Gärtners, dass er sich an althergebrachte Gartenweisheiten hält und eher Hildegard von Bingen liest als Ergebnisse der modernen Agrarforschung. Charles Dowding meint, es läge im irrationalen Bereich, dass Hobbygärtner ohne Not so viel und oft sinnlos schuften. Der Gartler sei halt kein Revoluzzer, er schäme sich, als Faulenzer dazustehen, während seine Nachbarn im Schweiße ihres Angesichts hacken und graben. Ich werde jetzt mal mindestens für ein Probejahr Revoluzzer.

32. Nicht fummeln!

Es ist eine Spezialität vieler Frauen, dass sie gar zu gern an anderen Menschen herumfummeln. Dem Kindergartenkind zwölfmal am Tag die Haarspange richten oder einen Scheitel ziehen. Dem Teenagersohn das Hemd in die Hose stopfen. Der Tochter den Blusenknopf überm offenherzigen Dekolleté schließen und mit dem feuchten Zeigefinger einen Krümel Mascara entfernen. Dem Ehemann eine Fluse von der Flanellhose picken, seine Krawatte zurechtrücken oder ohne Vorwarnung ein abstehendes Haar aus der Augenbraue reißen. Der betagten Mutter das weiße Krägelchen in Fasson zupfen. Fast alle fürsorglich verschönerten Angehörigen können dieses ungebetene Herumgezupfe nicht ausstehen. »Tschuldigung«, sagt die Fummlerin kleinlaut, »kommt nicht wieder vor.« Bis zum nächsten Mal. Es ist einfach stärker als sie …

Als Gärtnerin ist diese wohlmeinende, akkurate Frau nicht zu toppen. Bei ihr wächst kein Löwenzahn im Rasen, zeigt die Rose kein gelbes Blatt. Wird alles sofort bereinigt. Die Zupferin ist unermüdlich im Einsatz, weil sie nur das Beste für ihre Pflanzen will. Doch möglicherweise erreicht sie damit das Gegenteil.

Es ist bezeichnend, dass man im Garten der Perfektionistin allerhand vertraute Blumen vergebens sucht. Narzissen und Tulpen etwa verabschieden sich nämlich auf Nimmerwiedersehen, wenn man sie gleich nach der Blüte absäbelt, weil ihr langanhaltendes Welken (das dem Aufladen des Nahrungsspeichers in der Zwiebel für die Blüte im nächsten Jahr dient) die Ästhetik stört. Und jüngste Forschungen legen nahe, dass Blumen generell nicht befummelt werden wollen.

Ein Botaniker-Team an der University of Western Australia wies nach, dass Pflanzen auf jedwede Berührung panisch reagieren. Zuppelt man an ihnen herum, zeigen sie im Zellkern die gleichen Stress-Symptome wie bei Dürre, Lichtmangel oder Insektenbefall. Anders als Mensch und Tier können Pflanzen beim Verdacht einer Gefahr nicht fliehen. Und ihre Intelligenz reicht nicht aus, um Pflanzenfreunde von Fressfeinden zu unterscheiden. Wirft man einen Schatten über sie, empfindet ihr Organismus das als bedrohlich, das

Anstupsen mit einem Gartengerät, ja sogar ein liebevolles Streicheln, löst die gleiche Abwehrreaktion aus wie die Attacke einer Schnecke.

Die Frage, ob Pflanzen fühlen können, beschäftigt nicht nur Gärtner schon seit Jahrhunderten. Als Paradebeispiel wird dazu die tropische Mimosa pudica zitiert, deren gefiederte Blättchen sich bei Berührung erschreckt zurückziehen. (Das hierzulande als Zimmerpflanze beliebte Blümchen Rühr-mich-nicht-an ist nicht verwandt mit der gelben duftenden Blume, die wir fälschlich Mimose nennen, die aber botanisch ein Akazienbaum ist …) Bis ins 19. Jahrhundert glaubte man, die nervöse Mimosa müsse Muskeln und Nerven besitzen, die sich beim Anfassen beleidigt zusammenziehen. Heute weiß man, dass alle Pflanzen ihre Gefühle durch komplizierte biochemische Abläufe im Zellkern zeigen. Der Pflanzen-Physiologe Olivier van Aken, Leiter der australischen Studie: »Obwohl Pflanzen sich nicht beschweren, wenn wir eine Blume pflücken oder sie beim Spaziergang streifen, ist ihnen dieser Kontakt voll und ganz bewusst und sie reagieren rasend schnell darauf, wie wir sie behandeln.« Nämlich durch messbare genetische Veränderungen. Die aber zum Glück nur eine halbe Stunde anhalten. Forscher-Fazit: Wer seine Pflanzen liebt, lässt sie in Ruhe. Habe aber ein mulmiges Gefühl, wie mein Garten im nächsten Jahr aussehen wird, wenn ich ab jetzt die Hände in den Schoß lege …

33. Das Glück im Dreck

Wenn ich mit intellektuellen Freunden spreche, festigt sich in mir die Überzeugung, vollkommenes Glück sei ein unerreichbarer Wunschtraum. Spreche ich dagegen mit meinem Gärtner, bin ich vom Gegenteil überzeugt.« Nobelpreisträger Bertrand Russell war Mathematiker und Philosoph, doch dieses Phänomen konnte auch er uns nicht erklären … Liegt's an der frischen Luft und Blumenduft? An der wohligen Müdigkeit und dem gesunden Schlaf nach körperlicher Arbeit? Nicht wirklich. Des Rätsels Lösung, dem Wissenschaftler seit etwa zehn Jahren auf der Spur sind, mutet so banal an, dass man zunächst geneigt ist, sie für fake news zu halten: Das Glück liegt im Dreck begraben. Beim Herumwühlen im Boden und beim unwillkürlichen Einatmen der Gartenerde tankt der Gartler regelmäßig seine Glückshormone auf. Genauer gesagt: Er nimmt dabei über Haut und Nase unbemerkt Vacca-Bakterien auf, die den Serotonin-Spiegel im Gehirn erhöhen. Und das sorgt für gute Laune, während Serotonin-Mangel bekanntlich eins der Hauptmerkmale von klinischen Depressionen ist.

Hinweise auf die gesundheitsfördernde Wirkung vom Pusseln in der Erde gab es schon länger: Medizinische Statistiken wiesen immer wieder nach, dass Stadtkinder erheblich häufiger von Asthma und Allergien geplagt werden als Kinder, die auf einem Bauernhof aufwachsen – und zwar auch dann, wenn dort keine Bio-Landwirtschaft betrieben, sondern mit Pestiziden nicht gegeizt wird. Man vermutete, dass die allzu hygienisch aufgepäppelten City-Kids weniger Abwehrkräfte entwickeln, während die in Matsch und Mist herumtollende Landjugend ein stabiles Immunsystem aufbaut.

In Matsch und Mist und Gartenerde wimmelt es von Mycobacterium vaccae. (Der Name kommt von vacca, lateinisch für Kuh, weil die Mikrobe erstmals in Rinderdung entdeckt wurde). Macobakterium vaccae ist zwar verwandt mit Tuberkulose- und Lepra-Erregern, macht aber gesund statt krank. Die Kuh-Bakterie bringt nämlich das körpereigene Abwehrsystem auf Touren und wurde zunächst gegen allerlei Autoimmunkrankheiten eingesetzt. Die englische Onkologin Mary O'Brian erhoffte sich von einer Impfung mit Vacca-Bakterien einen Durchbruch in der Krebstherapie. Leider vergeblich. Doch dabei machte die Forscherin eine verblüffende Entdeckung: Die Patienten, die mit abgetöteten Vacca-Bakterien behandelt worden waren, wurden zwar nicht gesund, doch ihre Stimmung hellte sich spürbar auf, sie wurden vitaler, gelassener und geistig reger. Nun übernahm ein Neurologen-Team von der Universität Bristol und impfte Mäuse mit dem Frohmacher, die daraufhin doppelt so schnell den Weg aus einem Labyrinth fanden wie die unbehandelte Kontrollgruppe. Und obendrein vergnügt in einem Mäuse-Swimmingpool herumschwammen, was nur völlig entspannte Tiere tun, während gestresste Mäuse wasserscheu sind. Im Gehirn der heiteren Versuchstiere fand Dr. Christopher Lowry seine Vermutung bestätigt: Die Vacca-Bakterien hatten eine Immunreaktion ausgelöst, die zu verstärkter Ausschüttung des Glückshormons Serotonin im limbischen System führte.

Ist es nur noch eine Frage der Zeit, bis man Depressionen mit einer einfachen Impfung heilen kann? In Amerika und England feiern Forscher die Mikroben bereits als natürliche Arznei gegen Stimmungstiefs, frei von Nebenwirkungen und

Risiken. Mehrere Patente auf entsprechende Medikamente sind angemeldet.

Und wir wissen jetzt endlich, warum Cathérine Deneuve, Donna Leon und auch Paula Almqvist gelegentliche Blues-Anfälle am liebsten mit Unkrautjäten bekämpfen.

Auch wenn wir bislang gar nicht ahnten, dass wir dabei kostenloses Prozac aus dem Boden inhalieren. Der Glückspilz ist eben immer der Gärtner.

34. Wenn Bäume twittern

Um vor meinen Kindern nicht als rückständiger IT-Muffel dazustehen, habe ich wie jeder moderne Mensch einen Twitter-Account. Allerdings finde ich die meisten Tweets gähnend langweilig. Das Bundespräsidialamt twittert »Steinmeier verurteilt Terroranschlag« – dass er ihn bejubelt, wird unserem Staatsoberhaupt ja wohl auch niemand unterstellen. Chefredakteure empfehlen Artikel aus von ihnen geführten Zeitschriften – wen wundert's?

Vor Kurzem las ich erstmals einen wirklich verblüffenden Tweet. Abgesetzt von einer märkischen Kiefer in der Schorfheide bei Berlin. »Heute 0,053 mm gewachsen, 8,8 Liter Wasser mit einer Höchstgeschwindigkeit von 0,9 Liter/ h transportiert«, vermeldete sie aus dem Forst Britz, ganz weltläufig auf Englisch. Den Baum zum Twittern gebracht hat die Ökophysiologin Kathy Steppe von der Universität Gent. Die 17 Meter hohe Kiefer bekam im April 2016 drei Sensoren angelegt und twittert ihren Gesundheitszustand seither per

WLAN jeden Tag zweimal direkt ins Internet. Sinn des Unternehmens »Twittering Trees«, zu denen weitere Versuchskandidaten in Belgien und Holland gehören: Ein Forschergremium will mit Hilfe der Fitnesstracker am Baum die Folgen des Klimawandels studieren und herausfinden, welche Arten am besten mit Trockenheit und anderem Stress klarkommen. Doch statt die Daten nur im stillen Studierzimmer auszuwerten, wollten die Wissenschaftler auch die Öffentlichkeit sensibilisieren. Die Bäume senden ihre Daten ungefiltert ins Netz, damit jeder Interessierte verfolgen kann, ob der Baum wächst oder schrumpft, ob seine Säfte fließen oder nicht. Als die Kiefer mal eine Weile schwieg, fragte ich mich, ob das Ganze nicht nur eine Art verspäteter Aprilscherz führender Dendrologen sei. Drum schrieb ich an den namenlosen Nadelbaum: »Bist Du krank? Seit vier Tagen nichts von Dir gehört.« Postwendend twittert er zurück: »Hello Paula, hast Du mich vermisst? Hatte Computerprobleme, bin jetzt wieder online.«

Die Zahl der Follower von #TreeWatchBritz hält sich aufgrund der doch recht eintönigen Baum-Prosa noch in Grenzen. Andererseits sind die Texte, die mir die Sensoren meines Auto nun schon seit vielen Jahren schreiben, wenn ich zu wenig Benzin, Öl oder Luft im Reifen habe, auch nicht besonders amüsant. Aber längst unentbehrlich. Deswegen gibt mir »Deutschlands erster Baum mit Social-Media-Anbindung« viel zu denken. Ich sehe sie deutlich vor mir, die Schöne Neue Garten-Welt: Wahrscheinlich nur noch eine Frage der Zeit, bis auf der Sommerparty bei Freunden das Handy in der Hosentasche ruckelt, weil die Dahlien getweetet haben: »SOS – gefräßige Schnecken im Anmarsch«. Oder die Astern jammern »Hilfe! Mehltau-Attacke«. Der Pfirsichbaum schreibt, er fühle sich nicht wohl, befürchte die schlimme Kräuselkrankheit. Der Kirschbaum wiederum reißt mich aus dem Schlaf und meldet im Morgengrauen plündernde Stare. Und der Wirsing berichtet vom Überfall durch Kohlweißlingsraupen mitsamt mitleidserregendem Selfie.

Da die Kosten eines twitternden Baumes bei 10 000 Euro liegen, werde ich allerdings auch weiterhin meinen Garten analog statt digital kultivieren müssen. Also einfach mal den Finger in die Erde stecken, statt auf den Tweet des Feuchtigkeitssensors zu warten. Vorsichtig an der Rinde kratzen, um zu kontrollieren, ob der Ast noch lebt. Und weiterhin auf Augendiagnose und Gedankenlesen setzen, um meiner etwas schwächelnden Williams-Christ-Birne noch ein paar schöne Jahre zu verschaffen.

Editorische Notiz

Unter dem Titel *Mein Garten* veröffentlichte Paula Almqvist seit 2005 ihre Kolumnen in der Zeitschrift BRIGITTE WOMAN.

Im Lauf der Zeit entstanden daraus – überarbeitet und ergänzt – die Bücher:

Mitteilungen aus meinem Garten (2011)

Was mir blüht (2012)

Und wer gießt bei dir? (2016)

Mit *Neue Mitteilungen aus meinem Garten* liegt nun der vierte Band dieser Serie vor.